21世纪高等学校
经济管理类规划教材 高校系列

创业与运营

管理实务

◇ 劳本信 杨帆 编著 ◇

人 民 邮 电 出 版 社
北 京

图书在版编目（CIP）数据

创业与运营管理实务 / 劳本信，杨帆编著. -- 北京：人民邮电出版社，2016.2（2017.7 重印）
21世纪高等学校经济管理类规划教材. 高校系列
ISBN 978-7-115-41456-4

Ⅰ. ①创… Ⅱ. ①劳… ②杨… Ⅲ. ①企业管理—运营管理—高等学校—教材 Ⅳ. ①F273

中国版本图书馆CIP数据核字(2016)第021641号

内容提要

本书着重训练大学生的创业计划能力、计划执行能力和企业运营管理能力，有助于增强大学生的创业自信心和创业实战能力。在结构上分为四个部分：第一部分首先介绍创业与运营管理的关系以及创业计划书的一般格式，然后着重基于“创业之星”这个实验平台详细讲解创业计划书（运营方案）的编写；第二部分介绍企业工商注册的流程与操作方法；第三部分是企业运营管理实验的安排、操作步骤、指南和常见问题解决方法；第四部分介绍影响企业竞争（竞赛）输赢最重要的因素——销售订单的获得。

本书既可作为本科、高职高专经济管理类专业以及其他专业的创业实训教材、企业运营管理综合实验教材，也可作为“学创杯”大学生创业综合模拟大赛指导用书。

◆ 编　　著 劳本信　杨　帆
责任编辑 武恩玉
执行编辑 孙燕燕
责任印制 沈　蓉　彭志环
◆ 人民邮电出版社出版发行　　北京市丰台区成寿寺路 11 号
邮编　100164　　电子邮件　315@ptpress.com.cn
网址　http://www.ptpress.com.cn
北京中石油彩色印刷有限责任公司印刷
◆ 开本：700×1000　1/16
印张：10.5　　2016 年 2 月第 1 版
字数：157 千字　　2017 年 7 月北京第 2 次印刷

定价：28.00 元

读者服务热线：(010)81055256　印装质量热线：(010)81055316
反盗版热线：(010)81055315

课时建议

方案一　总学时 48

内容	课时
第一部分　创业计划书	讲述 12 学时/实验 8 学时
第一章　创业与运营管理的关系	讲述 2 学时
第二章　创业计划书的一般格式	讲述 2 学时
第三章　基于实战模拟的创业计划书	讲述 8 学时/实验 8 学时
第二部分　企业注册	实验 4 学时
第三部分　企业运营管理	实验 24 学时（3 学时/期，共 8 期）
第四部分　竞赛篇	自学

方案二　总学时 24

内容	课时
第一部分　创业计划书	讲述 4 学时/课外作业
第一章　创业与运营管理的关系	自学
第二章　创业计划书的一般格式	自学
第三章　基于实战模拟的创业计划书	讲述 4 学时/课外作业
第二部分　企业注册	实验 2 学时
第三部分　企业运营管理	实验 16 学时（2 学时/期，共 8 期） 总结 2 学时
第四部分　竞赛篇	自学

前言

FOREWORD

2015年3月，“大众创业”“万众创新”被写入2015年政府工作报告中，并且提升到中国经济转型和保增长新引擎的高度，显示出政府对创新创业的重视，以及创新创业对中国经济的重要意义。

建设创新型国家的首要任务就是在全社会培育创新精神，核心要素是造就大批创新型人才。而创新精神的培养和创新型人才的造就，很大程度上都要依赖于创业教育。有理想、有知识、有技术、有能力的大学生是创业力量中的主力军。对大学生加强创业教育是深化高等教育教学改革的必然选择，是落实以创业带动就业，促进高校毕业生充分就业的重要措施。

目前，国内的创业教育主要有三类：第一类是创业基础教育，侧重于介绍创业基础知识和运用案例进行励志教育，培育创业精神；第二类是以“挑战杯”创业计划大赛、“互联网+”大学生创新创业大赛为导向的创业计划设计与实践教育，侧重于创新创意实践，通常是就一项具有市场前景的技术产品或服务，以获得风险资本投资为目的，完成一份完整的创业计划书；第三类是以“学创杯”大学生创业综合模拟大赛、“用友杯”创业设计暨沙盘模拟经营大赛为导向的企业经营决策模拟综合实验教学，侧重于企业运营管理能力的训练。

本书是以杭州贝腾科技有限公司“创业之星——大学生创业综合模拟实验”为平台编写的，除了传统的企业注册流程、运营管理过程实验外，最大的亮点是将创业计划书与企业运营管理有机结合起来，而不是单纯地撰写创业计划书或单纯地执行企业运营管理。企业运营管理必须充分考虑它的计划性，为此必须先编制完整的运营方案（创业计划），而不是拍脑袋式的决策。创业计划书的撰写必须充分考虑它的可行性、最优化，为此必须接受实战模拟的检验。

本书在结构上分为四个部分。

第一部分介绍创业计划书的撰写。与“创业计划设计与实践”等课程不同的是，本书的创业计划书编写以及教学的重点不在于寻求项目的创意和市场的机会，而是强调创业计划的可行性与最优化。学生不仅要编制环环相扣的市场需求预测—产品组合（研发）计划—产能计划—销售计划—广告计划—生产计划—人力资源计划—

采购计划—成本计划—财务计划，保证计划的协调性和资源的最佳配置，还要通过后面的运营管理实验环节去检验创业计划的合理性与科学性。

第二部分为企业注册。学生通过模拟实验，得以掌握企业注册的流程和手续，以及各环节必须准备的相关材料。

第三部分为企业运营管理。第一部分编制的计划在这里付诸实施，既检验创业计划书编制的合理性与科学性，领会“计划”在管理职能中的重要地位；也训练学生根据市场变化修正计划、调整策略的应变能力。学生模拟成立的公司要完成 8 个季度（周期）的运营管理任务，从中体验市场预测、产品设计、产能建设、营销策略、销售管理、生产管理、采购管理、人力资源管理、融资投资、成本核算、财务预算等企业运营管理各环节的工作，使学生的企业运营管理能力得到充分的训练。

第四部分为竞赛篇。从应赛的角度为选手解剖“学创杯”大学生创业综合模拟大赛平台“创业之星”的产品评价计分规则和订单发放规则（以玩具行业为例），为更好、更准确地赢取销售订单，以及控制费用提供决策依据。

本书由劳本信（广西财经学院工商管理学院）、杨帆（桂林电子科技大学信息科技学院）编写。

劳本信

2015 年 12 月 10 日

目录

CONTENTS

第一部分　创业计划书

第二部分　企业注册

第三部分 企业运营管理

第四部分　竞赛篇

第一部分

创业计划书

第一章 创业与运营管理的关系

一、大学生创业特点及趋势

据《大学生创业调研报告》（中国青少年网络协会、腾讯网、中国传媒大学调查统计研究所三家机构于 2011 年 1 月 7 日—2 月 14 日完成），大学生在创业方面表现出以下特点或趋势。

1. 81.5%的受访者对创业有兴趣，接近半数的受访者（占 49.1%）打算“自己创业”或“和朋友共同创业”。

但不同群体的选择存在差异，在校大学生更倾向于“到企业公司就业”和“继续学习深造”，对现有工作不满意和待业的大学毕业生更倾向于“自己创业”，而正在创业的则对当前的选择很坚定。

2. “资金”“人脉关系”“市场环境”和“社会阅历”被认为是影响创业最主要的客观因素（分别为 83.3%、67.4%、47.0%、46.1%）；而“市场意识”“创新精神”“责任感”和“合作意识”被认为是影响创业最主要的主观因素（分别为 67.2%、51.0%、47.9%，44.3%）。

3. 受访者希望能参加针对性强的创业指导课程学习，但他们之中仅有少数（占 11.1%）参加过创业辅导课程或创业大赛。

4. “家庭”“朋友”和“媒体传播”对创业想法的影响最大（分别为 30.0%、24.2%、21.0%），来自校园的影响最弱（占 5.6%）。

5. 创业之前，多手准备是需要的，“社会历练”“朋友资源”“成功者经验”和“上网浏览信息寻找创业机会”是最被看重的（分别为 74.7%、63.6%、45.2%、42.3%）。其中，在校大学生对于到社会中历练更为渴望和重视。

6. 在规划未来的创业时，受访者的态度较为一致。在创业领域，集中在“启动资金少，容易开业且风险较低的行业”和“自己感兴趣的领域”（分别为 39.6%、37.3%）；在创业地区，46.2%的受访者选择“自己家乡”；在创业时机，69.7%的受访者选择“工作 1～3 年后）；在合作伙伴方面，集中在“志同道合者”或“有经验的人”（分别为 55.0%、28.7%）。

7. 寻找启动资金时，更多的受访者将期待放在“合作伙伴”或“自己身上”（分别为 64.1%、56.0%），“银行贷款”“申请官方创业基金”次之（分别为 40.1%、36.8%），而“吸引风险投资”“向亲朋好友借钱”的方面相对不那么重要（分别为 19.3%、33.4%）。

8. 在谈及决定成败的内在因素时，“执行能力”“市场调查能力”“团队合作能力”和“创新能力”被提及得更多（分别占 55.1%、43.6%、43.3%、42.2%）。

目前，大学生创业率和创业成功率的数据并没有权威发布，也没有统一的调查结果。关于大学生创业率有说不足 1%，也有说不足 5%；关于创业成功率有说不足 3%，也有说不足 10%。不管是哪一个数据，大学生创业率和创业成功率显然都不高。

从上面数据可以看到，大学生对创业的兴趣很大，但真正走向创业的却很少，而且成功率并不高。所以，增强大学生创业自信心和提高大学生创业守业能力乃是当前大学生创业教育的主要任务。

二、创业与运营管理的关系

在上面《大学生创业调研报告》总结的大学生创业特点及趋势中，第 8 条在谈及决定创业成败的内在因素时，很多的大学生都认识到“执行能力”“市场调查能力”“团队合作能力”的不足是导致创业失败最重要的因素，而这些能力都是企业运营管理能力的重要内容。可见，加强企业运营管理能力的训练必须成为大学生创业教育中不可或缺的重要组成部分。

运营管理是组织（包括工商企业、学校、医院、政府、军队等各种营利性组织和非营利性组织）正常运作的基本职能之一，是关于流程（工作过程）的管理，是对从资源投入到产品或服务产出的整个过程的管理。营利性组织关注的是工作过程的低成本和高质量，而非营利性组织关注的是有限资源在工作过程中的低消耗和合理利用。两类组织关注的焦点同属于效率管理，即在同样资源投入的前提下尽可能扩大工作效果，或在同样工作效果的前提下尽可能减少资源的投入。[①]

运营管理与企业资源计划（ERP）具有十分紧密的关系。运营管理职能的本质是在投入转化为产出的过程中实现价值增值，[②]而且是最大可能的价值增值。ERP 的实质也是如何在资源有限的情况下，通过计划的编制实现资源在生产、采购、销售等方面的合理配置，并有效地组织生产经营活动，力求做到浪费最少，利润最大。实质上，ERP 是一个建立在信息技术基础上，利用现代企业先进管理思想，全面集成了企业的所有资源信息，并为企业提供决策、计划、控制与经营业绩评估的全方位和系统化的管理平台（系统），是实现企业运营管理目标的重要手段。

大学生创业的启动资金普遍较少，资源十分有限，属于小微企业的范畴。为了确保创业成功，必须学会编制创业计划书，学会利用有限资源，学会有效组织生产经营活动，提高企业运营管理能力，包括前面提到的“执行能力”“市场调查能力”和“团队合作能力”等。

---

① 张林格，冯振环，王浩波. 企业运营管理[M]. 北京：首都经济贸易大学出版社，2006.

② 〔美〕威廉·史蒂文森. 运营管理[M]. 张群，张杰，马风才，译. 北京：机械工业出版社，2012.

第二章 创业计划书的一般格式

一、撰写创业计划书的意义和要求

（一）撰写创业计划书的意义

1. 创业起点和基础。创业计划书是创业的行动导向和路线图，它可以指导创业行动，为创业者提供创业相关信息。

2. 一份优质的创业计划书是成功融资的敲门砖。一些创业计划书有很好的项目，市场机会和投资回报都很好，但项目规划、前景展望的指标缺乏严谨的论证和充分的数据支撑，容易给人一种“想当然”“拍脑袋”的感觉。只有有理有据的创业计划书，才能赢得投资人或借款人的信心。

（二）撰写创业计划书的要求

一份好的创业计划书除了要重点关注市场机会分析之外，还应做到以下几点。

1. 一般要制作 3～5 年以上的运营计划和财务预算。
2. 运营计划越周密，赢得创业投资或创业成功的可能性就越大。
3. 编制创业计划书一定要注意风险识别与防范。
4. 再好的计划书在实践中也需要不断调整。

二、创业计划书的基本框架

（一）封面

1. 介绍公司名称。
2. 创建者名字。
3. 公司图标、愿景等。

（二）计划简述

1. 做什么项目？即简述企业要解决的问题或要满足的需求。
2. 解决方案是什么？即解释企业如何解决问题或如何满足未实现的需求。

（三）机会与目标市场

阐明目标市场，简要评价要进入的市场（用调研数据来表示市场潜力和趋势）。

（四）进入条件分析

描述进入市场需要的技术支撑、经验能力和需要的资金，以及创业团队是否具备这些条件；说明技术或产品的独特之处，描述将要提供的产品或服务会给顾客带来怎样的利益；着重说明产品或服务的差异化或竞争优势。

（五）如何进入市场

描述市场营销策略，讨论营销流程（营销策划方案）。可附“消费者购买意愿调查结果”或“产品需求的初步调研结果”等。

（六）前景展望

简要讨论财务情况，需要多少资金；强调企业何时达到盈亏平衡，何时获利，未来的前景如何。

在这里，可以附上“未来几年的经营规划和主要财务指标”。

（七）当前情况

如果创建的企业是具有一定的前期基础的，则应该描述一下企业当前的情况，不要忽视已有的成绩。

（八）资金计划

资金计划包括需要申请的资金数额以及将如何支配使用（选址、租金、工资、经营费用、固定资产、开办费等）。

（九）风险分析

风险分析既要分析政策、市场、供应链、竞争者、自然条件等企业外部风险，也要分析技术先进性、质量稳定性、团队磨合、客户关系管理、财务（资金流、亏损承受力）等企业内部风险。

（十）团队构成

介绍管理团队，他们的背景、技能；如果有顾问，简要介绍关键个人；如果团队有差距，说明如何弥补。

（十一）总结

再强调一下企业的亮点，并征求诉求对象对计划的意见。

最后是附件部分，如“附件：未来几年的现金流和其他财务预测”。

第三章 基于实战模拟的创业计划书

本章编制的创业计划书是以“创业之星”实验平台中的玩具制造与销售行业为背景的，它具有以下特点。

1. 各创业小组（公司）需要在同一个平台上进行竞争，以检验哪个小组（公司）的创业计划、计划执行、计划调整和运营管理工作做得更好。因此，各小组（公司）将面临相同的行业背景、市场环境和政策环境。

2. 所有小组（公司）的创业条件（起步条件）是相同的，因此创业之前的优势与劣势、机会与威胁（SWOT）基本上是相同的，但是创业小组成员的创业计划编制能力与运营管理执行能力可能是不相同的。

3. 已经有专业调查机构完成了对市场的调研工作，各小组（公司）需要学会如何利用这些信息。

4. 各小组（公司）的创业计划书重点不在于市场机会的分析，而在于对资源（资金）的最优化利用，即要把有限的资源（资金）发挥到极致（尽可能做大规模），却又要防止导致资金链断裂（往往是盲目做大、急于扩张造成的）。为此，各小组（公司）必须做到产品研发计划、产能计划、销售计划、广告计划、生产计划、人力资源计划、采购计划与财务计划的无缝连接，确保它们相互完美对接。其中，运营管理的三大约束（销售约束、产能约束、财务约束）将贯彻始终，即产能要受销售的约束，销售也要受产能的约束，而产能与销售均要受财务（资金）的约束。

以下是创业计划书的封面示例。

（封面）

______________公司创业计划书

创建者（管理团队）

总 经 理：______________

市场主管：______________

生产主管：______________

财务主管：______________

人力资源主管：__________

公司愿景（宣言）：

公司 LOGO：

时间：　　　年　　　月　　　日

一、计划简述

根据“创业之星”的约定，模拟企业将要进入的行业（领域）主要有以下这些。

1. 玩具制造。
2. 电子书制造。
3. 计算机制造。
4. 手机行业。
5. 食品行业。
6. 服装行业。
7. 办公文具行业。
8. 箱包行业。
9. 饮料行业。
10. 商品流通。
11. 农村专业合作社。

由于本课程着重于学生扮演企业的模拟对抗，因此，要求学生分组组建的模拟公司在相同的行业内制订自己的创业计划。目前，该软件最成熟的对抗平台（行业）是玩具制造行业和电子书制造行业。后面的创业计划制订我们将以玩具制造行业为背景，模拟对抗也以玩具制造行业为平台。

二、机会与目标市场

（一）市场机会分析

根据专业市场调查公司提供的调研报告，玩具产品的市场需求量十分可观，销售价格也比较诱人，盈利性很好。目前，同类产品的竞争者都是刚进入市场且实力均等，大家具有同样的市场机会。

说明 系统会根据参与对抗的小组数来设置总的市场容量。

（二）目标市场定位

根据专业市场调查公司的客群划分，玩具市场按消费者特性划分，有品质型顾客、经济型顾客和实惠型顾客三种类型；按地理划分，可分为北京、上海、广州、武汉、成都五个片区。

影响目标市场定位的主要因素包括以下方面。

（1）市场的容量、可接受价格，即市场的盈利性。

（2）企业的影响力和地位，即势力范围。

（3）企业的设备、技术和运营管理特长，即擅长满足什么类型顾客的需求。

我们在确定以哪个市场作为自己的重点目标市场之前，首先要了解各个市场的情况。例如，根据市场调研报告，玩具市场的总体情况如表 3-1 所示。

表 3-1　　玩具市场总体情况（8 个季度合计）

		北京	上海	广州	武汉	成都
平均容量	品质型顾客	2 719	4 074	3 198	2 190	1 713
	经济型顾客	3 320	4 001	2 832	2 375	2 296
	实惠型顾客	4 318	3 639	2 631	2 646	1 775
平均价格（元）	品质型顾客	139	149	126	127	126
	经济型顾客	106	115	106	104	104
	实惠型顾客	81	95	84	83	81
目标市场	品质型顾客	选这？	选这？	选这？		
	经济型顾客	选这？	选这？		选这？	
	实惠型顾客	选这？		选这？		选这？

说明

（1）可以从市场容量的大小和价格高低两方面对重点目标市场进行预选。

（2）这里的平均容量是指一个小组 8 个季度平均市场容量的总和。

（3）这时的平均价格是该市场该类型顾客 8 个季度可接受最高价格的平均价。

【初步判断】

如果企业选择中高端客户（品质型、经济型）为重点目标，则区域市场的重点宜放在上海、广州和北京（无论是市场容量还是顾客可接受价格均占优）；如果以中低端客户（经济型、实惠型）为重点目标，则区域市场没有明显的区别，企业可以根据竞争对手的情况恰当选择区域重点。

三、进入条件分析

1. 每个公司（小组）均能获得一笔 600 000 元的股东初始投资，用以开展各自的运营管理活动。

2. 公司的股东团队即是公司的管理团队，团队中拥有技术研发、市场营销、生产管理、财务管理、物流管理、人力资源管理等方面的专业人才，具有一定的产品研发技术和运营管理能力，在顾问（老师）的指导下，能顺利执行各项运营管理活动。

3. 企业每个季度根据自身的经营状况（权益、净资产）均有机会赢得一定额度的融资（20 万元以下的银行贷款，借款利率为 5%/期）。

4. 企业如果发生资金链断裂，将会从系统中获得一笔紧急贷款（高利贷，借款利率 20%/期）以使企业可以渡过难关，或可勉强维持下去。

四、如何进入市场（4P 策略）

对于如何进入市场，我们可以采用市场营销 4P 策略，即产品策略、价格策略、渠道策略和促销策略。（说明：以下策略并非最佳策略，纯属思路上的举例，学生切不可生搬硬套。）

（一）产品组合（研发）策略

不同消费群体具有不同的“产品功能诉求”，为了让产品获得更多的青睐，每个公司需要根据这些功能诉求设计新产品。同时，产品设计也将决定新产品的直接原料成本高低，另外，也将决定新产品在具体研发过程中的研发难度。一般来说，产品功能越多，BOM 表（功能配置表）越复杂，研发系数越大，直接原料成本就越高，研发周期也越长。

链接 1　消费群体市场调研结果（链接指系统设置的参数，后面均以链接表示）

1. 每个公司在这个行业都将面对品质型客户、经济型客户、实惠型客户这 3 类需求各异的消费群体（见表 3-2～表 3-4）。

表 3-2　　品质型客户诉求关注点

消费群体	品质型客户
最大预算支出	150.00 元
关注与侧重点	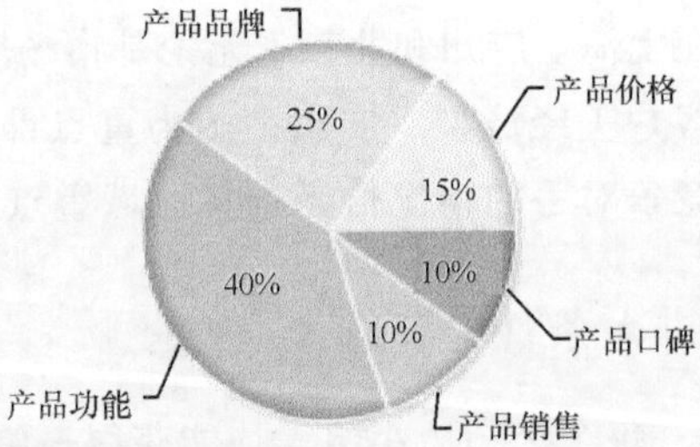
产品功能诉求	他们喜欢商品具有高档的包装、高贵美观时尚的外观，富有质感，做工细腻，要求产品具有舒适的手感，同时要便于洗涤。他们追求高质量生活，希望自己所购买的商品选用的是天然材料

表 3-3　　经济型客户诉求关注点

消费群体	经济型客户
最大预算支出	120.00 元
关注与侧重点	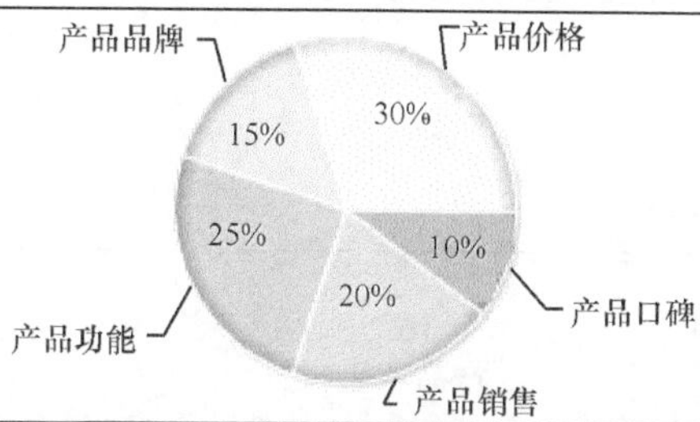
产品功能诉求	这类用户追求经济、实用的外观包装，但又不希望毫无档次，但过于昂贵精美的外包装又容易让他们感觉太奢华。他们不喜欢过于低端的面料，愿意选用面料讲究的产品，并且还希望是便于洗涤的。他们对填充物的要求并不是想象的那么高，方便、易洗即可

表 3-4　　实惠型客户诉求关注点

消费群体	实惠型客户
最大预算支出	90.00 元
关注与侧重点	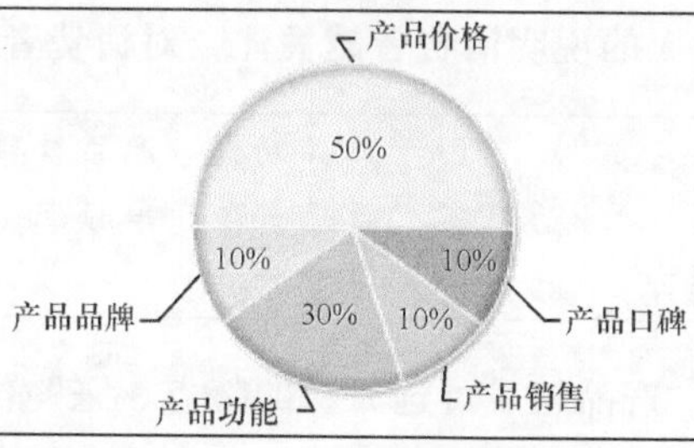
产品功能诉求	他们精打细算，希望花最少的钱买到自己心爱的商品。他们中意经济适用的面料，并不希望让物品看起来毫无档次，对产品的内部填充物并不讲究，追求实用大众原则

对于已经开始研发或研发完成的产品，其设计是不可更改的，每完成一款新产品设计需立即支付 30 000 元设计费用，每个公司在经营期间最多可以累计设计 6 款产品。对于完成设计的新产品，产品研发的职责主要是对其开展攻关、开发、测试等各项工作，产品研发每期费用是 20 000 元。不同的产品由于设计差异，产品研发所需的时间周期并不相同，因此，所需的总研发费用也将不同。

2. 不同消费群体对产品的关注与侧重点是有差异的，消费者从 5 个不同角度来评价产品，如表 3-5 所示。

表 3-5　　影响消费者评价的 5 个产品因素

产品价格	产品价格是指公司销售产品时所报价格。与竞争对手相比，价格越低，越能获得消费者的认可
产品品牌	产品品牌由公司市场部门在产品上所投入的累计宣传广告多少决定。与竞争对手相比，累计投入广告越多，产品品牌知名度就越高，越能获得消费者认可
产品功能	产品功能主要指每个公司设计新产品时选定的功能配置表（BOM 表）。与竞争对手相比，产品的功能越符合消费者的功能诉求，就越能得到消费者的认可
产品口碑	产品口碑是指该产品的历史销售情况。与竞争对手相比，产品累计销售的数量越多，产品订单交付完成率越高，消费者对产品的认可就越高
销售能力	是指公司当前销售产品所具备的总销售能力（由销售人员数量和素质决定）。与竞争对手相比，总销售能力越高，获得消费者认可也越高

以上 5 方面对于不同类型的消费群体来说，其关注的侧重度是不同的，一般侧重度越大的说明消费者越关注，对消费者是否购买该产品的影响也越大。

提示　由于产品功能、产品口碑、产品销售在每一季度报价的时候已经成为事实，因此，在竞争顾客（抢订单）环节，企业更多需要关注的是产品报价和产品广告。

3. 产品组成可选原料的特点、采购价格和研发系数如表 3-6 所示。

表 3-6　　产品组成可选原料的相关参数

原料成分	规格	特点	平均单价（元）	研发系数
包装材料	玻璃包装纸	简单，实用，容易起皱，易破损	2.00	0.1
	纸质包装盒	经济，美观，略显档次	4.25	0.2
	金属包装盒	高档，时尚，富有质感，做工细腻	6.5	0.3
面料	短平绒	手感柔软且弹性好，光泽柔和，表面不易起皱，保暖性好	11.00	0.1
	松针绒	经济适用，高雅富贵，立体感强	16.50	0.2
	玫瑰绒	手感舒适、美观高贵、便于洗涤，还具有很好的保暖性	21.00	0.3

续表

原料成分	规格	特点	平均单价（元）	研发系数
填充物	PP 棉	人造材料，使用最广泛，经济实用	16.00	0.1
	珍珠棉	相比 PP 棉更有弹性、柔软性和均匀性，并且方便洗涤	23.50	0.2
	棉花	纯天然材质，柔软富有弹性，具有均匀性，无静电，但不可水洗	27.00	0.3
辅件	发声装置	附加功能，使玩具可以模拟真人发声	3.12	0.1
	发光装置	附加功能，可使玩具具有闪光功能	4.92	0.2

说明

（1）原料采购价格在每一个季度都会不一样。

（2）研发系数表示产品设计的复杂程度，当产品总研发系数低于 0.5 的时候，产品不需要研发投入，可以在设计完成后即刻开始生产；而当总研发系数在 0.5（含 0.5）以上时，产品需要有 1 个季度的研发周期，并需支付相应的研发费用。

（3）如果第 1 季度就要形成销售，那么第 1 季度就要开始生产，且必须确保产品研发系数低于 0.5。

（4）显然，前面的产品功能诉求陈述中并没有涉及辅件的运用，它们有可能会给顾客带来惊喜哦！

4. 在确定产品组合策略时，需要思考以下关键问题。

（1）多研发一款产品有哪些好处？

多研发一款产品（即增加一个品牌），哪怕其 BOM 结构基本一样，往往也可以多拿订单，现实当中也的确存在这样的例子。因为消费者以为是不同的产品，虽然有忽悠消费者的嫌疑，但也是许多企业常用的策略。当然了，如果每个企业都推出同样多的产品（品牌）组合，其结果就是大家都不能获得额外多的订单。

（2）多研发一款产品有哪些坏处？

多研发一款产品自然就多一份设计与研发费用，也可能要多一份广告费用。那么要比原来多卖多少产品才能把增加的研发费用赚回来？以一款经济型标配产品为例，其设计和研发费用总共是 50 000 元，经济型标配产品的毛利约为多少元？（计算过程见后面章节。）必须要比不增加品牌前多卖多少件才能赚回来？如果预测能完成这个目标，则增加品牌就是划算的。

说明

一些比赛只经营 4～5 个季度，在这种情况下，第 2 季度、第 3 季度还研发产品可能就不划算了。

5. 各市场需求预测量（单组的量）具体如表 3-7 所示。需要注意的是实际需求量与预测量可能存在一定的差异（因为受到某一季度消费者未得到满足的需求可能转移到下一个季度的影响）。

表 3-7　　各市场需求预测量　　单位：件

品质型客户订单量（平均量）

	1	2	3	4	5	6	7	8
北京	251	320	279	334	318	457	393	367
上海		636	637	578	501	560	610	552
广州			451	567	520	459	593	608
武汉			389	334	308	405	325	429
成都				329	363	288	434	299

说明

实际预测量还以系统下达数据为准。

经济型客户订单量（平均量）

	1	2	3	4	5	6	7	8
北京	327	379	434	442	465	453	399	421
上海		603	522	546	574	596	616	544
广州			532	404	467	444	525	460
武汉			389	316	441	448	394	387
成都				391	527	399	533	446

说明

实际预测量还以系统下达数据为准。

实惠型客户订单量（平均量）

	1	2	3	4	5	6	7	8
北京	392	390	578	566	621	661	501	609
上海		422	381	405	501	555	634	741
广州			359	459	467	444	525	377
武汉			443	423	376	415	449	540
成都				272	400	323	374	406

说明

实际预测量还以系统下达数据为准。

6. 根据以上资料综合考虑，初步确定以下产品研发策略（见表 3-8）。

表 3-8　　　　　　　　产品组合（研发）策略

组成 \ 产品		品牌 1	品牌 2	品牌 3	品牌 4	品牌 5	品牌 6
		品质型	经济型	实惠型	品质型	经济型	实惠型
包装	玻璃纸	√	√	√			√
	纸盒					√	
	金属盒				√		
面料	短平绒			√			
	松针绒	√	√			√	√
	玫瑰绒				√		
填充物	PP 棉	√	√	√			√
	珍珠棉					√	
	棉花				√		
辅助装置	发声						
	发光						
总研发系数		0.4	0.4	0.3	0.9	0.6	0.4
材料成本（元）		34.5	34.5	29.5	54.5	44.5	34.5

（1）第 1 季度分别按低配设计品牌 1（品质低配）、品牌 2（经济低配）、品牌 3（实惠标配）三款产品。

（2）第 2 季度开始研究品牌 4（品质标配）、品牌 5（经济标配）、品牌 6（实惠高配）三款产品。

总品牌数=6，属于 2：2：2 的均衡策略。

说明

（1）只有品牌 4 和品牌 5 的总研发系数≥0.5，需要研发 1 个周期。

（2）低配的产品材料成本比标配的材料成本要低，定价自然也可以低一些；而高配的产品定价可以高一些，或者广告少打一些。

其中，品牌 1（品质低配，34.5 元）比标配（54.5 元）低 20 元；品牌 2（经济低配，34.5 元）比标配（44.5 元）低 10 元；品牌 3（实惠标配，29.5 元）比高配（34.5 元）低 5 元。

（3）注意：这里的材料成本是按平均价格测算的，并非某一季度

说明

的确切价格。

（4）更值得注意的是：低配设计虽然成本低且进入市场快，但在将来的竞争中将处于劣势（产品功能评分低）。

（二）渠道策略

1. 整个市场根据地理区域划分为多个市场区域，每个市场区域下有一个或多个销售渠道（本模块仅设置传统的零售渠道）可供每个公司开拓，开发销售渠道除了需要一定的开发周期，同时还需要支付一笔开发费用。每个公司可以通过市场开发把各自的产品销售到消费者手中。

链接 2　　各市场开发周期和开发费用

市场 周期与费用	北京	上海	广州	武汉	成都
开发周期	0	1	2	2	3
每期费用	20 000	20 000	20 000	20 000	20 000
总费用	0	20 000	40 000	40 000	60 000

2. 开发的市场越多，企业的销售潜力越大。如果企业的生产能力足够，一般 5 个市场要全部开发才具有竞争力，并且一般要第 1 季度就开发市场，第 3 季度全部开发完毕，这样到第 4 季度基本上就可以把原有的库存积压消化掉。

3. 放弃市场开发的结果如下。

（1）要想维持较高的市场占有率，必须在已有的市场花更大的代价才能取得足够的订单量，除非企业的产能有限，不需要那么多的订单。

（2）市场占有率低不仅影响市场表现，也会影响盈利表现、成长表现，乃至综合表现。

（3）某个小组放弃某个市场，就意味着其他小组可以轻易地在这个市场上拿到更多的订单量。

4. 根据以上资料综合考虑，初步确定以下渠道策略。

北京、上海、广州、武汉、成都五个市场从第 1 季度开始即全线开发。（当然，如果仅经营 4～5 个季度，那么，成都市场就可以不开发了。）

（三）价格策略

价格策略往往要与企业发展战略、产品定位和重点目标市场相配合，一般遵循以下原则（并非绝对）。

1. 看企业是执行薄利多销的战略还是厚利少销的战略。前者会配置较高的产能，需要以较低的价格消化产能，通过多销达到总获利更高的目标；后者则会配置较低的产能，通过较高的价格保证企业有较好的利润。前者有机会做大做强，但风险也较大；后者不容易做大做强，但其发展相对稳健。

2. 定价要与产品配置、顾客需求相联系，中高端客户偏重产品功能、品牌效应，针对这类顾客的产品配置、广告宣传要多投入一些，价格可以定得高一些；针对中低端客户的产品在产品配置、广告宣传方面少投入一些，价格应定得低一些，因为他们对价格更敏感。

3. 重点目标市场（上海、广州、北京）前期定价略低一些，赢得市场地位后可以把价格调高一些（还要看市场竞争的状况），如表 3-9 所示。

表 3-9　　初进入市场（第 1～2 季度）的价格策略

产品	市场定位	北京	上海	广州	武汉	成都
品牌 1	品质低配	均量+10%	均量+10%	均量+10%	均量	均量
		销价-10%	销价-10%	销价-10%	销价-7%	销价-7%
品牌 4	品质标配	销量+10%	销量+10%	销量+10%	均量	均量
		销价-5%	销价-5%	销价-5%	销价-3%	销价-3%
品牌 2	经济低配	均量+10%	均量+10%	均量+10%	均量	均量
		销价-10%	销价-10%	销价-10%	销价-5%	销价-5%
品牌 5	经济标配	均量+10%	均量+10%	均量+10%	均量	均量
		销价-8%	销价-8%	销价-8%	销价-3%	销价-3%
品牌 3	实惠标配	均量+5%	均量+5%	均量+5%	均量+5%	均量+5%
		销价-7%	销价-7%	销价-7%	销价-7%	销价-7%
品牌 6	实惠高配	均量+5%	均量+5%	均量+5%	均量+5%	均量+5%
		销价-5%	销价-5%	销价-5%	销价-5%	销价-5%

说明

（1）这里的“均量”是单个企业（小组）平均市场份额。

（2）这里的“销价”是指某季度该市场顾客可接受的最高价格。因为开始的时候无法知道确切的市场均价，所以只能按可接受价格打折这种方法来定价，到后面，可能更多的是要考虑市场均价（市场均价与价格评分之平均分基本对应）。

（3）以上仅为基本定价原则，实际上，如果你的产品在其他方面（如产品功能）拿到的分数已经够用，则价格方面根本不需要打折（具体可见后面的竞赛篇）。

（四）促销策略

1. 广告宣传。每个产品每期均可以投入一笔广告宣传费用。某一期投入的广告对未来若干季度是有累积效应的，投入当季效应最大，随着时间推移，距离目前季度越久，效应逐渐降低（通常按 40%递减，以参数设置为准）。

注意 不同的消费者群体对广告的敏感度是不一样的。

2. 人员推销。完成市场渠道开发之后，还必须配置一定数量的销售人员才能完成销售任务，反过来说，销售人员的多少决定了能卖多少产品。因此，必须结合预期的销售目标来确定招聘多少销售人员，以及是否对其开展培训。

链接 3　　销售人员的相关参数

销售人员	相关参数	说明
销售能力	500	销售人员在一个经营周期内所具有的最大销售能力（注：是指一个品牌最大能销售 500 单位，同一市场内多个品牌可以销售多个 500）
招聘费用	500	招聘一个销售人员所需花费的招聘费用，该笔费用在招聘时即自动扣除
季度工资	3 600	支付给销售人员的工资，每期期末自动支付
试用期	1	招聘后试用的时间，人力资源部需在试用期内与销售人员签订合同，招聘之后没有签订合同将支付罚金每人 2 000 元
培训费用	500	每次培训一个销售人员所需花费的费用，每个销售人员每个经营周期最多只能做一次培训。销售人员培训由销售部提出，递交到人力资源部后进行实施，培训费用在实施时支付
培训提升	5%	销售人员完成一次培训后，销售能力将在原有能力的基础上提升的百分比。培训后销售能力=培训前销售能力×（1+培训提升）
辞退补偿	300	试用期内辞退销售人员无需支付辞退补偿金，试用期满并正式签订合同后需支付辞退补偿金，一般在每期期末实际辞退销售人员时实时支付

说明 销售人员还是决定最多拿单量的重要因素，某一市场某一产品能拿到的订单不会多于销售人员的销售能力（可以通过培训提升销售人员的销售能力），因此，某一产品（品牌）的目标量多于 500 个单位时，最低需要配置多于 1 个销售人员。当然，销售能力也不等于获得订单量。你的销售能力强则可能获得更高的销售能力评分，也就可能获得更多的订单，但要注意的是不同类型消费者对销售能力的评分也是不一样的。

3. 根据以上资料综合考虑，初步确定以下促销策略。

（1）品质型产品加大广告宣传力度，经济型产品适当减弱，实惠型产品按最低标准。

（2）获利能力强的产品（例如，同样属于品质型产品，品牌 1 比品牌 4 获利能力强）适当加强广告宣传，其他产品适当减弱。

（3）第 1 季度、第 2 季度加大广告宣传力度，以后季度可以适当减弱。

（4）按适当高配的原则安排销售人员（特别是针对经济型顾客，销售能力评分占 20%），但也不能配置过多，以免增加过多销售费用。可以根据需要适当考虑培训，以适当提高其产品销售能力。

从长远来看，开展培训是有利的，不能仅看第 1 季度、第 2 季度，需要从更长的时间看是否有必要培训。这里有三层意思：一是培训可能灵活补充销售能力；二是通过培训提高销售能力（抢单评分因素之一），以增加获得市场订单的机会；三是培训可能带来更低的销售费用。例如，某一市场某一品牌产品的销售目标量=550（件），1 个销售人员不够，2 个销售人员太多，那么安排 1 个销售人员，再加上培训就可能解决问题了。

例如，假定销售人员的销售能力为 500 件，那么培训带来的能力就是 25 件（仅考虑一个品牌下）。销售人员的工资是 3 600 元，培训费用为 500 元，直接招聘销售人员的单位产品销售费用是 7.2 元（3600÷500），再考虑招聘费用，大概为 7.4 元，而通过培训的单位产品销售费用约 20 元（500÷25）。但是要注意，培训费用的支付是一次性的，而能力是永远存在的，到第 3 季度，它的单位产品销售费用就要比直接招聘方式低了。

五、前景展望（制订具体方案）

前景展望是对未来生产、销售和财务的状况进行描述，具体而言，就是进行财务预算（计划），而财务预算（计划）一定会涉及市场需求预测、产品研发计划、产能计划、销售计划、生产计划、采购计划、人力资源计划、成本费用计划等方面的内容。通常的方法是先对产能、销售、生产、采购、人力资源等进行规划，然后测算现金流是否满足资金需求或最大限度地发挥作用，同时还要关注企业净资产（所有者权益）的变化，特别是不能发生资不抵债的现象。

说明

以下方案并非最佳方案（甚至是行不通的方案），纯属思路上的举例，学生切不可生搬硬套。

（一）市场需求预测与产能需求

1～8 季度不同客户的需求总量如表 3-10 所示。

表 3-10　　1～8 季度不同客户需求总量　　单位：件

季度	1	2	3	4	5	6	7	8
品质型	251	956	1 756	2 142	2 010	2 169	2 355	2 255
经济型	327	982	1 877	2 099	2 474	2 340	2 467	2 258
实惠型	392	812	1 761	2 125	2 365	2 398	2 483	2 673
合计	970	2 750	5 394	6 366	6 849	6 907	7 305	7 186

说明

（1）以上数量（见表 3-10）是根据链接 1（专业调研机构提供，以系统下达数据为准）计算的一个企业 1～8 季度的平均市场容量，这个市场容量将决定企业的产能需求。如果整个行业的产能过剩，竞争就会十分激烈；相反，企业的日子就可以过得比较轻松。

（2）根据规则，一条手工线的实际能力约为 630 件，自动线为 1080 件，柔性线为 1620 件（见链接 4），就算实际市场容量要乐观一些，以下的产能（生产规模）安排大概就达到了平均水平（见表 3-11）。

表 3-11　　1～8 季度平均产能需求规模（折算为生产线数量）　　单位：条

季度	1	2	3	4	5	6	7	8
手工线	1.54	4.37	8.56	10.10	10.87	10.96	11.60	11.41
自动线	0.90	2.55	4.99	5.89	6.34	6.40	6.76	6.65
柔性线	0.60	1.70	3.33	3.93	4.23	4.26	4.51	4.44

说明

（1）通过调查竞争对手的产能计划即可了解市场竞争的激烈程度。

（2）要关注随着时间的推移，各企业产能的变化状况，以便制定相应的对策。

（二）产品组合（研发）计划

根据市场预测和前面的产品组合策略，初步拟订的产品研发计划（见表 3-12），第 1 季度将支出 90 000 元，第 2 季度将支出 130 000 元（见表 3-12）。

表 3-12　　产品组合（研发）计划

品牌	定位	1	2	3	4	5	6	7	8
品牌 1	品质低配	√							
品牌 2	经济低配	√							
品牌 3	实惠标配	√							
品牌 4	品质标配		（√）						
品牌 5	经济标配		（√）						
品牌 6	实惠高配		√						
设计与研发费用		90 000	130 000						

说明

品牌 4 和品牌 5 需要一个季度的研发周期，下个季度才能形成生产，除设计费用 30 000 元外，还需要支付每个季度 20 000 元的研发费用。

（三）产能计划

1. 结合产能需求和产品组合（研发）计划，大概可以确定产能计划了。例如，第 1 季度如果想马上形成品牌 1、品牌 2、品牌 3 的销售，我们必须要上手工线，因为只有手工线不需要安装，购置即可使用。而且还不能只上 2 条（虽然 1.54 条就达到了平均水平），而是至少 3 条，因为手工线不能混合生产不同的产品。

上面的产能计划显然只考虑了当前需求，并没有考虑长远需求，所以如果资源（资金）允许，我们应该提前安排更大的产能，一是满足未来需求；二是满足做大做强的需求，即做市场竞争挑战者。所以，我们应该最大可能地去利用所能获得的资源（资金），在保证不导致资金链断裂的情况下，把产能做到最大，并根据产能计划调整我们的销售计划，或者说产能计划与销售计划相协调。

再者，我们还需要考虑购置什么样的生产线，因为不同的生产线具有不同的特点（见链接 4）。例如，手工线具有快速形成产能的优点，但它比较落后，生产成本较高（具体见后面的成本分析），不宜长期持有。

链接 4　　　　生产设备参数　　　　费用单位：元

类型	柔性线	自动线	手工线
购买价格	120 000	80 000	40 000
产能/季度	2 000 件	1 500 件	1 000 件
工人上限	4 人	3 人	2 人
成品率	90%	80%	70%
单件加工费	2.00	3.00	4.00
混合投料	可以	否	否
安装周期	1 季度	1 季度	0 季度
维护费用/期	3 000	2 500	2 000
升级费用/次	1 000	1 000	1 000
升级提升/次	1%	2%	3%
搬迁周期	1	0	0
搬迁费用	3 000	2 000	1 000
折旧	5%	5%	5%

必要说明：

1. 工人上限：每条设备允许配置的最大工人数，设备产能、成品率、线上工人总生产能力 3 个因素决定一条设备的实际产能。
2. 单件加工费：加工每一件成品所需的加工费用，通常是指加工过程中发生的水电费、搬运费等。
3. 混合投料：设备在同一生产周期内是否允许同时生产多种产品。
4. 设备可以出售，当设备上无在制品时，设备可以立即出售，出售后设备上的工人将自动转为闲置状态。出售设备将以设备净值回收现金。
5. 维护费用：当设备不处于安装周期时，每季度需支付设备维护费用。
6. 升级费用：每条设备在同一个升级周期内只允许进行一次设备升级。
7. 升级提升：升级后设备成品率=升级前设备成品率 + 每次升级可提升的成品率

说明

（1）工人生产能力为 450 件/季度。

（2）实际产能=（设备能力与工人能力二者较小者）×成品率。

（3）未培训未升级情况下各生产线的实际生产能力：

柔性线=4×450×90%=（1 620 件/季度）

自动线=3×450×80%=（1 080 件/季度）

手工线=2×450×70%=（630 件/季度）

2. 应该如何选择生产设备（线）？

下面我们对不同设备下的生产成本进行分析（见表 3-13～表 3-15）。

表 3-13　不同设备上生产 1 件合格成品的制造费用（简单估算）　单位：元

设备＼费用	固定费用				单位产品固定费用	单位产品变动费用	合计
	厂房租金	设备折旧	维护费用	车间管理			
柔性线	5 000/4	6 000	3 000	4 000	8.8	2	10.8
自动线	5 000/4	4 000	2 500	3 000	10.0	3	13.0
手工线	5 000/4	2 000	2 000	2 000	11.5	4	15.5

说明

（1）车间行政管理费用为 1 000 元/人，这里的车间管理是按该类生产线满配工人计算的（正式核算成本时计入管理费用）。

（2）厂房租金都是按中厂房/配置 4 条生产线均摊的。

（3）单位产品变动费用即加工费。

表 3-14　不同设备上生产 1 件合格成品的直接人工费（简单估算）

生产线	工人数量（人）	工人工资（元）	工人五险	实际产出（件）	单位产品直接人工费（元）
柔性线	4	3 000	+31.1%	1 620	9.7
自动线	3	3 000	+31.1%	1 080	11.0
手工线	2	3 000	+31.1%	630	12.5

说明

（1）工人的五险打包按工资的 31.1%计算（养老保险 20%，失业保险 2%，工伤保险 0.5%，生育保险 0.6%，医疗保险 8%）。

（2）这里不考虑工人的培训问题（计入管理费用）。

表 3-15　不同设备上生产 1 件合格成品的直接材料费用（简单估算）　单位：元

设备＼费用	品牌 1		品牌 2		品牌 3	
	配置材料费	实际分摊	配置材料费	实际分摊	配置材料费	实际分摊
柔性线	34.5	38.3	34.5	38.3	29.5	32.8
自动线	34.5	43.1	34.5	43.1	29.5	36.9
手工线	34.5	49.3	34.5	49.3	29.5	42.1

说明

（1）配置材料费是 8 个季度的平均价格，不是某一季度的确切价格，而且还没有考虑到采购的批量折扣，所以确切的成本核算不能按这个价格计算。

（2）实际分摊是指把废品分摊到合格产品上，其中，柔性线的合格率为 90%，自动线是 80%，手工线是 70%。

（3）仅以 3 个品牌产品为例，学生可自行核算其他品牌产品的直接材料费。

【结论 1】柔性线生产成本最低，手工线生产成本最高。由上面材料可见，越先进的生产设备其直接人工费、直接材料费、单位制造费用就越低，如果允许，尽量购置先进的生产线。

【结论 2】手工线无需安装周期，最快形成投产，是临时投入产能的最佳选择。为了保证第一季度就有产品销售，必须购置手工线才能马上投产。其他时间，当临时需要追加产能的时候，如获取的订单超过现有生产能力，手工线将成为救火队员。

【结论 3】柔性线可以混合投料，在企业产品组合较多时，可以灵活调整生产计划，但是，柔性线搬迁比较麻烦，所以要做好厂房安排，避免设备搬迁事件的发生。

3. 我们有多少钱？能做多少事？

企业初始资金 600 000 元，第一季度最大融资 200 000 元，总共有 80 万元资金，如果是 3 柔 3 手起步（3 条手工线年底可以卖掉），则设备投资达到 48 万元，是否行得通，必须经过后面的现金预算才能确定。

4. 初步确定的产能策略。

暂不考虑资金约束，先定 3 柔 3 手起步，第 1 或 2 季度卖掉 3 条手工线，再上 1 条柔性线，如果允许，第 3 季度再上 1 条柔性生产线，总计划达到 5 条柔性生产线。如果资金约束，则回头修改产能计划。

初步确定的各季度产能计划及现金支出计划如表 3-16 所示。

表 3-16　　初步确定的各季度产能计划及现金支出计划　　单位：件

季度	1	2	3	4	5	6	7	8
策略	3 柔 3 手	（+1 柔）	（+1 柔）					
运行	3 手	3 柔	4 柔	5 柔	5 柔	5 柔	5 柔	5 柔
产能	1 890	4 860	6 480	8 100	8 100	8 100	8 100	8 100
累计	1 890	6 750	13 230	21 330	29 430	37 530	45 630	53 730
开支	480 000	120 000 −114 000	120 000					

说明

（1）第 1 季度或第 2 季度卖掉 3 条手工线可以回收现金 114 000 元。

（2）第 2 季度和第 3 季度分别计划再投产建设一条柔性线。

5. 厂房问题如何考虑？

现在的问题是 3 柔 3 手六条线起步，是购买/租用大厂房，还是购买/租用 1 个中厂房+1 个小厂房？

（1）首先要考虑厂房是购买还是租用的问题

购买厂房的成本是资金成本（利息），另外还有折旧这个费用要摊入产品成本中；租用厂房的成本是每个季度都要支付一笔租金。从链接 5 的参数设置可以计算出大厂房、中厂房、小厂房的资金成本分别是 5 000 元、4 000 元、3 000 元（按普通贷款 5%的利率计算）。小厂房的资金成本与租金是相等的，在不考虑企业投资表现的情况下，当然应该租用，有限的资金应该投到更需要的地方去。

大、中厂房单看资金成本是购买比租用划算，但再加上折旧，那情况就不一样了。

链接 5　　　　厂房参数　　　　单位：元

<table>
<tr><td>类型</td><td>大厂房</td><td>中厂房</td><td>小厂房</td><td rowspan="5">厂房可以选择租用或购买，对于租用的厂房，每期期初将自动支付相应的租金；对于购买的厂房，购买当时即支付相应的现金。厂房可以选择退租或出售，厂房的退租或出售实际发生在每期期末，此时只有厂房内没有设备的情况下才能成功，退租后的厂房在下期将不再需要支付相应租金，出售厂房将以厂房净值回收现金
提示：厂房不能在有设备的情况下买转租，也不能租转买，一定要考虑清楚是租还是买</td></tr>
<tr><td>容纳率</td><td>6 条线</td><td>4 条线</td><td>2 条线</td></tr>
<tr><td>购买价格</td><td>100 000</td><td>80 000</td><td>60 000</td></tr>
<tr><td>租金/季度</td><td>7 000</td><td>5 000</td><td>3 000</td></tr>
<tr><td>折旧/季度</td><td>2%</td><td>2%</td><td>2%</td></tr>
</table>

说明

无论是租转买，还是买转租，都要另外找新厂房，并把生产线搬迁到新厂房去。

（2）其次要考虑是租用一个“大厂房”还是“中厂房+小厂房”的问题

同样安置 6 条线，“大厂房”的租金（7 000 元）比“中厂房+小厂房”的租金（8 000 元）要少。虽然如此，如果是 3 手 3 柔起步和第 1 季度末卖掉 3 条手工线的话，“中厂房+小厂房”的方案会更灵活一些，因为届时可以退租小厂房。但如果将来计划发展到 5 条甚至 6 条线的话，租用大厂房就更合适了。

（四）销售计划

接下来，企业要制订自己的销售计划。通常销售计划要受到产能的制约，如果产能不足，要么扩充产能，要么降低销售目标；如果产能多余，则可以考虑进一步扩大销售目标。总之，销售计划要与产能计划相吻合。

1. 企业根据目标市场定位制订销售计划（见表 3-17～表 3-19）

表 3-17　　初步拟订的品质型产品销售计划　　单位：件

品质型客户目标量（品牌 1+品牌 4）								
	1	2	3	4	5	6	7	8
北京	276	352	307	367	350	503	432	404
上海		700	701	636	551	616	671	607
广州			496	624	572	505	652	669
武汉			389	334	308	405	325	429
成都				329	363	288	434	299
合计	276	1 052	1 893	2 290	2 144	2 317	2 514	2 408

说明

品质型产品在上海、广州、北京市场上的销售目标是在市场均量（见链接 1 市场需求预测量）的基础上增加 10%，武汉和成都市场按均量计算。

表 3-18　　初步拟订的经济型产品销售计划　　单位：件

经济型客户目标量（品牌 2+品牌 5）								
	1	2	3	4	5	6	7	8
北京	360	417	477	486	512	498	439	463
上海		663	574	601	631	656	678	598
广州			585	444	514	488	578	506
武汉			389	316	441	448	394	387
成都				391	527	399	533	446
合计	360	1 080	2 025	2 238	2 625	2 489	2 622	2 400

说明

经济型产品在上海、广州、北京市场上的销售目标是在市场均量的基础上增加 10%，武汉和成都市场按均量计算。

表 3-19　　初步拟订的实惠型产品销售计划　　单位：件

实惠型客户目标量（品牌 3+品牌 6）								
	1	2	3	4	5	6	7	8
北京	412	410	607	594	652	694	526	639
上海		443	400	425	526	583	666	778
广州			377	482	490	466	551	396
武汉			465	444	395	436	471	567
成都				286	420	339	393	426
合计	412	853	1 849	2 231	2 483	2 518	2 607	2 807

说明

实惠型产品在所有市场上的销售目标是在市场均量的基础上增加 5%。

2. 与产能计划做比较（见表 3-20）

表 3-20　　初步确定的销售计划与产能计划比较　　单位：件

季度	1	2	3	4	5	6	7	8
销售量	1 048	2 985	5 767	6 759	7 252	7 324	7 744	7 615
销量累计	1 048	4 033	9 800	16 559	23 811	31 135	38 879	46 494
产能	1 890	4 860	6 480	8 100	8 100	8 100	8 100	8 100
产能累计	1 890	6 750	13 230	21 330	29 430	37 530	45 630	53 730

说明

与前面初步拟订的产能计划（见表3-16，5 条柔性线计划）比较可知，产能一直是过剩的。假设以上产能计划在资金链上没有问题，那么问题的解决要么是扩大销售，要么是降低产能。我们先测试进一步扩大销售，如果销售与产能还不平衡，就要考虑把柔性生产线减至 4 条，甚至 3 条。

3. 进一步加成 10%扩大销售目标（见表 3-21～表 3-24）

表 3-21　　所有市场+10%的品质型产品销售计划　　单位：件

品质型客户目标量（品牌 1+品牌 4）								
	1	2	3	4	5	6	7	8
北京	304	387	338	404	385	553	475	444

续表

品质型客户目标量（品牌 1+品牌 4）								
	1	2	3	4	5	6	7	8
上海		770	771	700	606	678	738	668
广州			546	686	629	556	717	736
武汉			428	367	339	446	358	472
成都				362	399	317	477	329
合计	304	1 157	2 082	2 519	2 358	2 549	2 765	2 649

表 3-22　所有市场+10%的经济型产品销售计划　单位：件

经济型客户目标量（品牌 2+品牌 5）								
	1	2	3	4	5	6	7	8
北京	396	459	525	535	563	548	483	509
上海		729	631	661	694	722	746	658
广州			644	488	565	537	636	557
武汉			428	348	485	493	433	426
成都				430	580	439	586	513
合计	396	1 188	2 228	2 462	2 887	2 739	2 884	2 663

表 3-23　所有市场+10%的实惠型产品销售计划　单位：件

实惠型客户目标量（品牌 3+品牌 6）								
	1	2	3	4	5	6	7	8
北京	453	451	668	653	717	763	579	703
上海		487	440	468	579	641	733	856
广州			415	530	539	513	606	436
武汉			512	488	435	480	518	624
成都				315	462	373	432	469
合计	453	938	2 034	2 454	2 731	2 770	2 868	3 087

表 3-24　所有市场+10%的各季度总销售量计划与产能计划的比较　单位：件

季度	1	2	3	4	5	6	7	8
销售量	1 153	3 283	6 344	7 435	7 976	8 058	8 517	8 399
销量累计	1 153	4 436	10 780	18 215	26 191	34 249	42 766	51 165
产能	1 890	4 860	6480	8 100	8 100	8 100	8 100	8 100
产能累计	1 890	6 750	13230	21 330	29 430	37 530	45 630	53 730

说明

通过比较可以发现，提高销售任务量之后，销售计划与产能计划已经十分接近了，当然产能还是略显过剩，如果企业的销售情况比较乐观，这个过剩的产能也许是可以消化的。但也要看到困难，目前企业大部分市场的销售目标已经是超过市场均量的 20%，再想提高着实不容易，何况市场状况未必如此乐观，所以还应试一试按 4 条柔性线的方案制订产能计划。

4. 基于 4 条柔性线的产能（出产量）计划（见表 3-25～表 3-28）

表 3-25　理论产能（出产）计划　单位：件

生产线	1	2	3	4	5	6	7	8
手工线 1	1 000							
手工线 2	1 000							
手工线 3	1 000							
柔性线 1		2 000	2 000	2 000	2 000	2 000	2 000	2 000
柔性线 2		2 000	2 000	2 000	2 000	2 000	2 000	2 000
柔性线 3		2 000	2 000	2 000	2 000	2 000	2 000	2 000
柔性线 4			2 000	2 000	2 000	2 000	2 000	2 000

说明

理论产能就是生产线的设计产能。理论产能≠实际产能，实际产能（出产量）要受工人、废品率等因素影响。

表 3-26　工人培训与设备升级相结合下的实际出产计划（计算过程）　单位：件

生产线	1	2	3	4	5	6	7	8
手工线 1	2×450							
手工线 2	2×450							
手工线 3	2×450							
柔性线 1		4×450	4×463	4×477	4×491	4×491	4×491	4×491
柔性线 2		4×450	4×463	4×477	4×491	4×491	4×491	4×491
柔性线 3		4×450	4×463	4×477	4×491	4×491	4×491	4×491
柔性线 4			4×450	4×463	4×477	4×491	4×491	4×491
工人培训费用		3 600	4 800	4 800	1 200			
公式	×70%	×90%	×90.9%	×91.8%	×92.7%			
设备升级费用		3 000	4 000	4 000	1 000			

（1）手工线满员安排工人 2 人，手工线的工人先不培训（此时产能过剩），在第 1 季度末转移到柔性线上（这样可以少招聘 6 个工人的费用）之后才开始培训。

（2）柔性线满员安排工人 4 人，第 2 季度开始培训，一次能力提升 3%，连做 3 次培训，能力达到 491，接近生产线最大产能限额 500，不再培训。

（3）设备升级从第 2 季度开始，连续进行 3 次，每次提高 1%的合格率。

表 3-27　工人培训与设备升级相结合下的实际出产计划（计算结果）　单位：件

生产线	1	2	3	4	5	6	7	8
手工线 1	630							
手工线 2	630							
手工线 3	630							
柔性线 1		1 620	1 683	1 751	1 820	1 820	1 820	1 820
柔性线 2		1 620	1 683	1 751	1 820	1 820	1 820	1 820
柔性线 3		1 620	1 683	1 751	1 820	1 820	1 820	1 820
柔性线 4			1 620	1 683	1 751	1 820	1 820	1 820
合计	1 890	4 860	6 669	6 936	7 211	7 280	7 280	7 280
累计	1 890	6 750	13 419	20 355	27 566	34 846	42 126	49 406

表 3-28　“4 柔性+工人培训+设备升级”的出产计划与销售计划的比较　单位：件

季度	1	2	3	4	5	6	7	8
销售量	1 153	3 283	6 344	7 435	7 976	8 058	8 517	8 399
销量累计	1 153	4 436	10 780	18 215	26 191	34 249	42 766	51 165
产能	1 890	4 860	6 669	6 936	7 211	7 280	7 280	7 280
产能累计	1 890	6 750	13 419	20 355	27 566	34 846	42 126	49 406

【结论】

不用 5 条柔性线，改用 4 条柔性生产线经过工人培训和设备升级，实际出产量与销售计划更接近（见表 3-28）。前期产能稍充足，主动性较好；后期产能略不足，如果销售情况真的如此乐观，则可以在第 5 季度再一次对生产线进行升级改造，提高合格品出产率，甚至可以再做一次工人培训，提高投产量。

链接 6　设备升级是否划算？

设备升级一次的费用是 1 000 元，成品率提高 1%（均以柔性线为例），即一个季度增加成品 16～19 个。按 17 个测算，不同情形下设备升级一个季度的收益如下。

生产品质型产品：17×52=884 元 （品牌 1、品牌 4 的毛利分别为 56.2 元、48.9 元）

生产经济型产品：17×35=595 元 （品牌 2、品牌 5 的毛利分别为 36.2 元、35.1 元）

生产实惠型产品：17×23=391 元 （品牌 3、品牌 6 的毛利分别为 21.7 元、26.2 元）

【结论】生产品质型产品的生产线升级最划算，但即使是生产实惠型产品，设备升级之后不用 3 个季度即可收回 1 000 元的投资成本，所以设备升级还是划算的。

5. 要实现新的销售目标，价格策略可能需要适当调整

为了达到进一步扩大的销售目标，价格方面拟按前面的定价策略（见表 3-29），整体再下调 5%。

链接 7　消费群体价格接受情况调研结果

不同的客户群体在不同市场、不同时段能接受的价格会有波动，消费者不能接受公司在销售报价过程中的报价超过他们的最大预算支出。专业调研机构做出以下价格调研结果以供参考。

品质型客户能接受的最高价格（元）

	1	2	3	4	5	6	7	8
北京	150	145	140	135	138	142	135	130
上海	150	160	150	155	158	148	135	142
广州	150	130	128	125	127	128	125	125
武汉	150	144	130	125	128	127	124	130
成都	150	143	132	124	130	125	125	124
平均价	150	144	136	133	136	134	129	130

说明

平均价为 5 个市场的简单平均价。

经济型客户能接受的最高价格（元）

	1	2	3	4	5	6	7	8
北京	120	118	112	108	103	105	95	95
上海	120	118	122	118	113	115	110	112
广州	120	113	112	108	106	105	102	105
武汉	120	117	110	104	100	104	102	104
成都	120	117	113	107	102	105	103	103
平均价	120	117	114	109	105	107	102	104

说明

平均价为 5 个市场的简单平均价。

实惠型客户能接受的最高价格（元）								
	1	2	3	4	5	6	7	8
北京	90	95	90	85	80	75	75	70
上海	90	100	102	96	97	93	95	90
广州	90	86	89	92	85	77	85	80
武汉	90	96	88	84	82	81	80	85
成都	90	93	91	85	84	82	79	80
平均价	90	94	92	88	86	82	83	81

说明

平均价为 5 个市场的简单平均价。

再次调整后的定价策略如表 3-29 所示。

表 3-29　再次调整之后的定价策略（计划）

产品	市场定位	北京	上海	广州	武汉	成都
品牌 1	品质低配	销价-15%	销价-15%	销价-15%	销价-12%	销价-12%
		总体上约降价 14%				
品牌 4	品质标配	销价-10%	销价-10%	销价-10%	销价-8%	销价-8%
		总体上约降价 9.5%				
品牌 2	经济低配	销价-15%	销价-15%	销价-15%	销价-10%	销价-10%
		总体上约降价 14%				
品牌 5	经济标配	销价-13%	销价-13%	销价-13%	销价-8%	销价-8%
		总体上约降价 11%				
品牌 3	实惠标配	销价-12%	销价-12%	销价-12%	销价-12%	销价-12%
		总体上约降价 12%				
品牌 6	实惠高配	销价-10%	销价-10%	销价-10%	销价-10%	销价-10%
		总体上约降价 10%				

重要提示：

这只是做预算的价格，实际执行的时候要根据市场环境的变化而变化。

6. 销售收入及成本预测（见表 3-30）

表 3-30　　销售收入及成本预测　　数量单位：件；货币单位：元

品牌	季度	1	2	3	4	5	6	7	8
	原价	150	144	136	133	136	134	129	130
	新价	129	124	117	114	117	115	111	112
品牌 1	销量	304	1 157	2 082/2	2 519/2	2 358/2	2 549/2	2 765/2	2 649/2
	收入	39 216	143 468	121 797	143 583	137 943	146 568	153 458	148 344
	成本	19 517	54 958	47 990	58 063	54 352	58 754	63 733	61 059
	原价	150	144	136	133	136	134	129	130
	新价	136	130	123	120	123	121	117	118
品牌 4	销量			2 082/2	2 519/2	2 358/2	2 549/2	2 765/2	2 649/2
	收入			128 043	151 140	145 017	154 215	161 753	156 291
	成本			74 119	89 676	83 945	90 744	98 434	94 304
	原价	120	117	114	109	105	107	102	104
	新价	103	101	98	94	90	92	88	89
品牌 2	销量	396	1 188	2 228/2	2 462/2	2 887/2	2 739/2	2 884/2	2 663/2
	收入	40 788	119 988	109 172	115 714	129 915	125 994	126 896	118 504
	成本	25 423	56 430	51 355	56 749	66 545	63 134	66 476	61 382
	原价	36 947	110 840	103 936	114 852	134 679	127 774	134 539	124 229
	新价	107	104	101	97	93	95	91	93
品牌 5	销量			2 228/2	2 462/2	2 887/2	2 739/2	2 884/2	2 663/2
	收入			112 514	119 407	134 246	130 103	131 222	123 830
				64 723	71 521	83 867	79 568	83 780	77 360
	原价	90	94	92	88	86	82	83	81
	新价	79	83	81	77	76	72	73	71
品牌 3	销量	453	938/2	2 034/2	2 454/2	2 731/2	2 770/2	2 868/2	3 087/2
	收入	35 787	38 927	82 377	94 479	103 778	99 720	104 682	109 589
	成本	27 135	20 777	44 545	53 743	59 809	60 663	62 809	67 605

续表

品牌	季度	1	2	3	4	5	6	7	8
品牌 6	原价	90	94	92	88	86	82	83	81
	新价	81	85	83	79	77	74	75	73
	销量		938/2	2 034/2	2 454/2	2 731/2	2 770/2	2 868/2	3 087/2
	收入		39 865	84 411	96 933	105 144	102 490	107 550	112 712
	成本		22 278	46 884	56 565	62 950	63 849	66 107	71 155
收入合计		115 791	342 248	638 314	721 256	756 043	759 090	785 561	769 270
成本合计		72 075	154 442	329 616	386 317	411 468	416 712	441 340	432 867

说明

（1）价格（原价）预测为该品牌 1～8 个季度在 5 个市场上可接受最高价的简单平均价（见链接 7）。

（2）新价是在原价的基础上按表 3-29 的降价策略进行估算。

（3）成本是按各个季度确切的产品成本核算的，具体参考后面的表 3-46～表 3-48。

（4）销量是按定位在同一类型客户下的 2 个品牌产品平均分配订单量（各占 50%）来测算的（新的产品上市会抢走原有产品的订单。如果别的企业没有增加产品品牌，估计能从别的企业手中抢到更多的订单，但根据博弈论，最终的结果可能是大家都增加产品品牌，所以只能从自己手中抢食）。在实际运营中如果该比例有变化则相应调整即可。

（五）广告投放计划

广告是按产品品牌投放的，公司可以根据每一款产品的竞争程度及其期望值来设定相应的投放金额（表 3-31 所示是一个假设例子）。基本原则如下。

1. 品质型产品重广告，实惠型产品轻广告。

2. 低配产品（如品牌 1）广告投放力度大一点，高配产品（如品牌 4）力度轻一点。

3. 考虑到广告累积效应，前面年份广告投放力度大一点，后面轻一点（见表 3-31）。

表 3-31　　各产品的广告投放计划　　单位：元

品牌	定位	1	2	3	4	5	6	7	8
品牌 1	品质低配	8 000	7 000	6 000	6 000	5 000	5 000	5 000	5 000
品牌 4	品质标配			4 000	4 000	4 000	4 000	4 000	4 000

续表

品牌	定位	1	2	3	4	5	6	7	8
品牌 2	经济低配	5 000	5 000	3 000	3 000	2 000	2 000	2 000	2 000
品牌 5	经济标配			2 000	2 000	2 000	2 000	2 000	2 000
品牌 3	实惠标配	2 000	2 000	1 000	1 000	1 000	1 000	1 000	1 000
品牌 6	实惠高配		1 000	1 000	1 000	1 000	1 000	1 000	1 000
广告费用		15 000	15 000	17 000	17 000	15 000	15 000	15 000	15 000

说明

（1）广告投入是企业抢夺市场订单的重要手段，系统是按该产品所投广告额占该市场总投放广告额之比重计分的。

（2）企业投入广告费是可以有零头的，如 8 050 元、2 010 元。

（六）生产计划

1. 如何进行生产计划。生产计划是指具体产品的生产安排，要具体到用什么生产线来生产什么品牌的产品。这里存在一个很重要的问题，那就是企业应该“以销定产”，还是“以产定销”？

企业通常的做法如下。

以销定产：应用于计划阶段，是从更长远的角度策划，有利于产销平衡。

以产定销：应用于执行阶段，是从更现实的角度实施，有利于充分利用产能。

显然，要把二者结合起来，排产既要考虑销售预测，也要从充分发挥设备产能的角度安排生产，这样会产生一定的库存，但这种库存是必要的，可以在后期销售出去。具体的生产计划及相关制造费用（见表 3-32～表 3-36）。

表 3-32　具体的排产计划（按生产线）　单位：件

<table>
<tr><th>生产线</th><th>1</th><th>2</th><th>3</th><th>4</th><th>5</th><th>6</th><th>7</th><th>8</th></tr>
<tr><td>手工线 1</td><td>品牌 1
900</td><td></td><td></td><td></td><td></td><td></td><td></td><td rowspan="2">小厂房</td></tr>
<tr><td>手工线 2</td><td>品牌 2
900</td><td></td><td></td><td></td><td></td><td></td><td></td></tr>
<tr><td>手工线 3</td><td>品牌 3
900</td><td></td><td></td><td></td><td></td><td></td><td></td><td rowspan="3">中厂房</td></tr>
<tr><td rowspan="2">柔性线 1</td><td></td><td>品牌 1
1 800</td><td>品牌 1
1 352</td><td>如何
安排？</td><td></td><td></td><td></td></tr>
<tr><td></td><td></td><td>品牌 4
500</td><td>品牌 4
1 400</td><td></td><td></td><td></td></tr>
</table>

续表

生产线	1	2	3	4	5	6	7	8
柔性线 2		品牌 2 1 800	品牌 2 1 352	如何 安排？				中厂房
			品牌 5 500	品牌 5 1 400				
柔性线 3		品牌 3 900	品牌 3 900	如何 安排？				
		品牌 6 900	品牌 6 952	品牌 6 1400				
柔性线 4			品牌 4 900	如何 安排？				
			品牌 5 900	如何 安排？				
每条线的工人能力		1 800	1 852	1 908	1 964			
产品合格率		90%	90.9%	91.8%	92.7%			

表 3-32 是一个生产线进行排产的例子，要注意的是：第一，不能按实际出产量投料，而是要按设备理论产能与工人产能二者之大者投料；第二，另外一些生产线如何投产必须考虑出产计划。

表 3-33　　具体的出产计划与需求计划（按产品）　　单位：件

产品		1	2	3	4	5	6	7	8
品牌 1	出产	630	1 620	1 228	出产 多少？				
	需求	304	1 157	1 041	1 260				
品牌 4	出产			1 264	出产 多少？				
	需求			1 041	1 260				
品牌 2	出产	630	1 620	1 228	出产 多少？				
	需求	396	1 188	1 114	1 207				
品牌 5	出产			1 264	出产 多少？				
	需求			1 114	1 207				

续表

产品		1	2	3	4	5	6	7	8
品牌 3	出产	630	810	818	出产多少?				
	需求	453	469	1 017	1 227				
品牌 6	出产		810	865	出产多少?				
	需求		469	1 017	1 227				

表 3-33 是一个产品进行排产的例子。要注意的是：第一，从第 3 季度来看，品牌 4、品牌 5、品牌 6 的库存趋于紧张（分别为 223、150、189），第 4 季度要多排产一些，计划要安排 1 400 以上的投料量（出产 1 285），这样其他品牌 1、2、3 就只剩下 3 376 的投产能力了（1 908×3+1 852−1 400×3），需要动用一些库存才能满足需求；第二，每个季度的出产计划都应考虑需求预测，当然，销售主管拿单（合同）也必须考虑自己的可承诺量（本期下线产品+库存）；第三，越到后面，产需越趋平衡，排产将越难进行。

2. 请练习第 4 季度具体如何排产。（课堂练习）

3. 表 3-34、表 3-35、表 3-36 是基于以上生产计划安排下单位制造费用的计算结果，从这里可以再次识别使用不同生产设备的效益有什么不同。

表 3-34　　第 1 季度的单位制造费用（精确计算）　　单位：元

生产设备	厂房租金	设备折旧（3 手）	维护费用	加工费	合计	实际出产量	单位产品制造费用
手工线	8 000	6 000	6 000	10 800	30 800	1 890	16.3
柔性线	在建						

说明

按工人人数提取的行政管理费计入管理费用，不摊入产品成本。

表 3-35　　第 2 季度的单位制造费用（精确计算）　　单位：元

生产设备	厂房租金	设备折旧（3 柔）	维护费用	加工费	合计	实际出产量	单位产品制造费用
柔性线	5 000	18 000	9 000	10 800	42 800	4 860	8.8
手工线	已出售，小厂房退租						

表 3-36　　第 3 季度的单位制造费用（精确计算）　　单位：元

生产设备	厂房租金	设备折旧（3 柔）	维护费用	加工费	合计	实际出产量	单位产品制造费用
柔性线	5 000	24 000	12 000	14 712	55 712	6 669	8.4
手工线	已出售，小厂房退租						

（七）人力资源计划

1. 生产工人的招聘与培训（见表 3-37、表 3-38）。

生产工人按生产线满额配备，工人可以在各生产线之间换岗。

表 3-37　　生产工人招聘计划及工资费用　　费用单位：元

生产线	1	2	3	4	5	6	7	8
手工线 1	2 条×3							
手工线 2	2 条×3							
手工线 3	2 条×3							
柔性线 1		4 条×4	4 条×4	4 条×4	4 条×4	4 条×4	4 条×4	4 条×4
柔性线 2		4 条×4	4 条×4	4 条×4	4 条×4	4 条×4	4 条×4	4 条×4
柔性线 3		4 条×4	4 条×4	4 条×4	4 条×4	4 条×4	4 条×4	4 条×4
柔性线 4			4 条×4	4 条×4	4 条×4	4 条×4	4 条×4	4 条×4
招聘费用	3 000	3 000	2 000					
工资	18 000	36 000	48 000	48 000	48 000	48 000	48 000	48 000

表 3-38　　生产工人培训计划及费用　　费用单位：元

生产线	1	2	3	4	5	6	7	8
手工线 1	2 条							
手工线 2	2 条							
手工线 3	2 条							
柔性线 1		4×300	4×300	4×300	4 条	4 条	4 条	4 条
柔性线 2		4×300	4×300	4×300	4 条	4 条	4 条	4 条
柔性线 3		4×300	4×300	4×300	4 条	4 条	4 条	4 条
柔性线 4			4×300	4×300	4×300	4 条	4 条	4 条
培训费用		3 600	4 800	4 800	1 200			

说明

在这里第 2 季度才开始培训是担心第 1 季度资金紧张，但是，如果后面现金流量预算证明可以从第 1 季度开始，我们就提前培训，这样能适当增加产能。

表 3-39 是基于以上生产计划安排下直接人工费的计算结果，从这里可以再次识别使用不同生产设备的效益有什么不同。

链接 8　工人培训是否值得？

工人培训一次的费用是 300 元，提升 3%的能力，相当于增加 13.5 个产品，再按 90%成品率计算约增加 12 个产品，如果是生产品质型产品一个产品的平均毛利约为 52 元，培训增加的收益=12×52=624（元），何况这还是一个季度产生的收益，所以培训是值得的。

第 1～3 季度的直接人工费（见表 3-39）。

表 3-39　　第 1～3 季度的直接人工费（精确计算）　　单位：元

季度	生产线	工人数量	工人工资	工人五险	实际出产量	单位直接人工费
第 1 季度	3 手	6	18 000	5 598	1 890	12.5
第 2 季度	3 柔	12	36 000	11 196	4 860	9.7
第 3 季度	4 柔	16	48 000	14 928	6 669	9.4

说明

第 4 季度以后的直接人工费可以参考第 3 季度的。

2. 销售人员的招聘与培训。

销售人员要投放到具体的市场上，一个市场最少要安排一个销售人员，因为销售人员不能跨区域销售。另外，一个销售人员一个品牌最多只能完成 500 个单位的销售任务，但他可以同时销售多个品牌，即存在销售多个 500 单位的机会。如果在同一市场上希望某一品牌销售超过 500 个单位，则一个销售人员是不够的。

（1）销售人员是按出产量安排，还是按销售预测量安排？

通常首先是考虑销售预测量，但也不能不考虑出产量，如果出产量领先于销售预测量，则可以在销售预测量的基础上适当高配销售能力（多安排销售人员或对销售人员进行培训），这是因为以下几点。

① 销售能力是竞争订单的评分要素之一，提高销售能力有利于提高市场订单获取能力，而获取更多的市场订单是企业做大做强最重要的支撑。

② 市场销售机会有可能比预测的乐观，适当高配销售能力就给企业多销售产品

留出了机会，因为系统分配给企业销售订单的上限就是你的销售能力。

③ 同一顾客类型的订单平均分配到品牌上应该不超过 500 个单位，但是市场的实际情况并不一定是平均分配的，某一品牌的订单可能会超出 500。

各区域市场各类型顾客销售计划（见表 3-40）。

表 3-40　　各区域市场各类型顾客销售计划　　单位：件

		1	2	3	4	5	6	7	8
北京	品质型	304	387	338	404	385	553	475	444
	经济型	396	459	525	535	563	548	483	509
	实惠型	453	451	668	653	717	763	579	703
上海	品质型		770	771	700	606	678	738	668
	经济型		729	631	661	694	722	746	658
	实惠型		487	440	468	579	641	733	856
广州	品质型			546	686	629	556	717	736
	经济型			644	488	565	537	636	557
	实惠型			415	530	539	513	606	436
武汉	品质型			428	367	339	446	358	472
	经济型			389	316	441	448	394	387
	实惠型			512	488	435	480	518	624
成都	品质型				362	399	317	477	329
	经济型				391	527	399	533	446
	实惠型				315	462	373	432	469

说明

从表 3-40 可以看到，一些市场某类顾客的需求是大于 500 个单位的，但是我们都以 2 个品牌供应市场，平均下来每个品牌的销售任务都可以小于 500，所以理论上我们每个市场只安排 1 个销售人员即可。但是考虑到上海市场比较诱人，也可以多安排 1 个销售人员。另外，为了提高销售能力得分，我们也可以适当做一些销售人员的培训。

（2）基于以上考虑，我们制订以下销售人员招聘与培训计划（见表 3-41）。

表 3-41　　销售人员招聘与培训计划　　能力单位：件；费用单位：元

季度	1	2	3	4	5	6	7	8
人数	1 人	3 人	5 人	6 人	6 人	6 人	6 人	6 人
北京	1×500*×3 品牌	1×525*×4 品牌	1×551×6 品牌	1×551×6 品牌	1×551×6 品牌	1×551×6 品牌	1×551×6 品牌	1×551×6 品牌

续表

季度	1	2	3	4	5	6	7	8
人数	1人	3人	5人	6人	6人	6人	6人	6人
上海		2×500×4品牌	2×500*×6品牌	2×525×6品牌	2×525×6品牌	2×525×6品牌	2×525×6品牌	2×525×6品牌
广州			1×500×6品牌	1×500×6品牌	1×500×6品牌	1×500×6品牌	1×500×6品牌	1×500×6品牌
武汉			1×500×6品牌	1×500×6品牌	1×500×6品牌	1×500×6品牌	1×500×6品牌	1×500×6品牌
成都				1×500×6品牌	1×500×6品牌	1×500×6品牌	1×500×6品牌	1×500×6品牌
能力合计	1 500	6 100	15 306	18 606	18 606	18 606	18 606	18 606
招聘费用	500	1 000	1 000	500				
工资	3 600	10 800	18 000	21 600	21 600	21 600	21 600	21 600
培训费用	500	500	1000					

说明

（1）多品牌的运用大大节约了销售人员。

（2）这里的销售能力不等于实际销量，但销售能力越强，拿单的能力就越强。

（八）采购计划

严格来说，采购计划是取决于排产计划的，当然有时候也需要考虑采购的经济性，即批量采购，以获取更多的折扣。

1. 先计算各品牌产品的投产计划。

根据“表3-32具体的排产计划（按生产线）”，整理出各品牌的投产计划，如表3-42所示。

表3-42　各品牌产品的排产计划（按产品）　单位：件

	1	2	3	4	5	6	7	8
品牌1	900	1 800	1352	？1 100				
品牌2	900	1 800	1352	？1 100				
品牌3	900	900	900	？1 176				

续表

	1	2	3	4	5	6	7	8
品牌 4	0	0	1 400	1 400				
品牌 5	0	0	1 400	1 400				
品牌 6	0	900	952	1 400				

每个品牌产品使用什么样的原材料是我们很关心的，这个问题产品设计中的 BOM 会告诉我们答案。

链接 9　各个品牌（种）的 BOM 结构（采购提前期（应付账期））

品牌	组成	1 包装	2 面料	3 填充
品牌 1	品质低配	玻璃包装纸（0）（0）	松针绒（0）（0）	PP 棉（0）（0）
品牌 2	经济低配	玻璃包装纸（0）（0）	松针绒（0）（0）	PP 棉（0）（0）
品牌 3	实惠标配	玻璃包装纸（0）（0）	短平绒（0）（1）	PP 棉（0）（0）
品牌 4	品质标配	金属包装盒（1）（1）	玫瑰绒（0）（1）	棉花（1）（1）
品牌 5	经济标配	纸质包装盒（0）（1）	松针绒（0）（0）	珍珠棉（0）（1）
品牌 6	实惠高配	玻璃包装纸（0）（0）	松针绒（0）（0）	PP 棉（0）（0）

说明

（1）除金属包装盒、棉花的采购需要提前一个季度外，其他原料的采购提前期为 0。

（2）虽然金属包装盒、棉花的采购提前期为 1，但付款期也为 1，所以付款时间与生产时间相同。

（3）只有纸质包装盒、短平绒、玫瑰绒、珍珠棉 4 种原料的付款期比采购原料的时间要晚。要分析这 4 种物料的采购资金占总采购资金的比重，考虑应付账款对现金流可能的影响，特别是资金很紧张的时候。

2. 再计算各种原料的需求（采购）计划。

根据表 3-42 和链接 9 展开计算各种物料的需求量，并按各类进行合计（见表 3-43）。

表 3-43　各种原料的需求计划　单位：件

采购量	1	2	3	4	5	6	7	8
玻璃包装纸	2 700	5 400	4 556	?				
纸质包装盒			1 400	?				

续表

采购量	1	2	3	4	5	6	7	8
金属包装盒			1 400	?				
小计	2 700	5 400	7 356	?				
短平绒	900	900	900	?				
松针绒	1 800	4 500	5 056	?				
玫瑰绒			1 400	?				
小计	2 700	5 400	7 356	?				
PP 棉	2 700	5 400	4 556	?				
珍珠棉			1 400	?				
棉花			1 400	?				
小计	2 700	5 400	7 356	?				

说明

（1）金属包装盒和棉花需要提前一个季度下采购订单，但货款是本季支付。

（2）纸质包装盒、短平绒、玫瑰绒和珍珠棉的支付账期可以延后一个季度。

3. 最后计算采购资金需求计划（见表 3-44）。

要计算采购资金需要，得先知道原料价格和批量折扣。

链接 10　　**各种原料的采购折扣率**

批量范围（件）		折扣
0	200	100%
201	500	95%
501	1000	90%
1001	1500	85%
1501	2000	80%
2001		75%

采购资金需求计划如表 3-44 所示。

表 3-44　　采购资金需求计划（含折扣）　　单位：元

采购量	1	2	3	4	5	6	7	8
玻璃包装纸	2 700×2×75%	5 400×1.8×75%	4 556×2×75%					
纸质包装盒			（1 400×4.5×85%）					
金属包装盒			1 400×6.5×85%					
小计	4 050	7 290	19 924					
短平绒	（900×10×90%）	（900×11×90%）	（900×11×90%）					
松针绒	1 800×15×80%	4 500×17×75%	5 056×16×75%					
玫瑰绒			（1 400×22×85%）					
小计	29 700	66 285	95 762					
PP 棉	2 700×15×75%	5 400×16×75%	4 556×16×75%					
珍珠棉			（1 400×24×85%）					
棉花			1 400×28×85%					
小计	30 375	64 800	116 552					
总计	64 125	138 375	232 238					

说明

（1）纸质包装盒等原料 1 400 件的采购批量只能享受 85%的折扣，工作中如果资金允许，完全可以先多采购一些，以享受 80%甚至 75%的折扣。

（2）打括号的采购资金的支付往后推迟 1 个季度，本案例中，第 1 季度有 8 100 元延后支付，对第 2 季度影响不大，对第 3 季度的影响就会大一些。

4. 表 3-45 是考虑了折扣和废品率的实际直接材料率，它是核算产品成本的重要数据。

表 3-45　　基于折扣和废品率分摊下各季度各品牌产品的直接材料费　　单位：元

季度	1	2	3	4	5	6	7	8
品牌 1	35.4	29.0	28.3					
品牌 2	35.4	29.0	28.3					
品牌 3	31.1	25.8	26.0					
品牌 4			53.4					
品牌 5			40.3					
品牌 6		29.0	28.3					

5. 课堂作业：制作一个 Excel 计算工具，按照产品排产计划—原料需求计划—采购资金需求计划，实现自动计算。

（九）成本费用计划

1. 产品成本（生产成本）的核算（见表 3-46～表 3-48）。

表 3-46　　第 1 季度各品牌产品的生产成本　　单位：元

	直接材料费	直接人工费	制造费用	单位成本	
品牌 1	35.4	12.5	16.3	64.2	
品牌 2	35.4	12.5	16.3	64.2	
品牌 3	31.1	12.5	16.3	59.9	
品牌 4					
品牌 5					
品牌 6					

表 3-47　　第 2 季度各品牌产品的生产成本　　单位：元

	直接材料费	直接人工费	制造费用	单位成本	
品牌 1	29.0	9.7	8.8	47.5	
品牌 2	29.0	9.7	8.8	47.5	
品牌 3	25.8	9.7	8.8	44.3	
品牌 4					
品牌 5					
品牌 6	29.0	9.7	8.8	47.5	

表 3-48　　　　第 3 季度各品牌产品的生产成本　　　　单位：元

	直接材料费	直接人工费	制造费用	单位成本	
品牌 1	28.3	9.4	8.4	46.1	
品牌 2	28.3	9.4	8.4	46.1	
品牌 3	26.0	9.4	8.4	43.8	
品牌 4	53.4	9.4	8.4	71.2	
品牌 5	40.3	9.4	8.4	58.1	
品牌 6	28.3	9.4	8.4	46.1	

2. 生产成本的控制。生产成本包括直接材料费、直接人工费和制造费用。要合理安排厂房，尽量减少厂房租金，又要避免设备搬迁；尽量购置先进生产线，降低单位产品成本（直接材料、直接人工费和制造费用均会降低）；还要通过设备升级改造减少原材料浪费；合理安排生产，避免停工待产，充分利用产能；合理安排采购，通过经济批量采购降低采购成本，同时要避免紧急采购的发生。

3. 销售费用的控制。销售费用主要包括广告宣传费、市场开拓费、销售人员工资与五险等。其中，广告宣传费和销售人员的安排不能盲目进行。例如，如果企业的产能不大或者市场竞争不激烈，企业的产品不愁卖，就没有必要过多地安排广告宣传和销售力量。如果能准确地把握自己需要多少订单和需要多少产品评价总分（具体见附件），就可以有效地控制广告宣传费用、销售人员费用；另外，还可以避免无谓的降价，间接地降低销售费用率。

4. 管理费用的控制。管理用费主要包括公司注册费、办公室租金、行政管理费、管理人员工资与五险、人员招聘费、员工培训费、员工辞退费、品牌设计费、产品研发费和资质认证费等。员工培训费虽然增加了管理费用，但有可能降低产品总成本；做好人力资源规划，尽量减少乃至避免员工辞退；做好产品设计与研发计划，避免无效的品牌设计与研发；做好资质认证计划，避免过早或过迟开展资质认证；做好销售计划安排，避免因交货违约而遭受罚款（营业外支出）。

5. 财务费用的控制。财务费用主要包括普通贷款利息、紧急贷款利息和贴息。根据资金预算做好融资计划，避免不必要的贷款利息负担；要做好资金预算，尽力避免紧急贷款（高利贷）的发生；做好资金预算，除主动贴现之外，要尽量避免贴现的发生。

（十）财务计划（预算）

以上计划看似很完美，但是否能够付与实施还必须经受财务计划的检验。企业运营管理（企业资源计划）有三大约束：一是需求约束，二是产能约束，三是财务约束。前面两个约束已经解决了，但如果财务约束出问题，即现金流出现问题，那么就得回去重新调整前面的计划。

编制财务计划具体的做法就是把前面各项计划涉及资金收支的内容录入现金流量预算表中进行预演，如果某个节点现金流出现断裂，就说明前面的计划是行不通的，必须回头调整这个节点之前的某些计划（如减少产品研发、减少产能、减少广告开支等）。之后，再次录入现金流量预算表进行排演，做二次检查。编制企业运营方案的过程可能是几次反复运算和推敲的过程。

说明

在编制现金流量预算表的时候一定要关注“创业之星”中的现金结算点，一旦结算点到了，你的资金不足，系统就会自动产生一笔紧急借款，这相当于公司陷入高利贷的旋涡中，企业的财务指标和其他指标都将受到严重影响。

1. 将前面相关计划中的主要决策汇集到经营规划表中（见表 3-49、表 3-50）。

表 3-49　　经营规划表一（第 1～4 季度）　　单位：元

岗位	目标	第 1 季度	第 2 季度	第 3 季度	第 4 季度
研发部	品牌数量	3 个	4 个	6 个	6 个
	研发投入	-90 000	-130 000	0	0
制造部	厂房投资	租中、小厂房	租中厂房	租中厂房	租中厂房
	租金	-8 000	-5 000	-5 000	-5 000
制造部	设备数量	（3 柔）+3 手	3 柔+（1 柔）	4 柔	4 柔
	设备投资	-480 000	-120 000	0	0
	设备出售	0	3 手/+114 000	0	0
	设备维护	-6 000	-9 000	-120 000	-120 000
	设备升级	0	-3 000	-4 000	-4 000
	资质认证	0	-30 000/ISO	-30 000/ISO	-30 000/ICTI
市场部	渠道开拓	1+4 个	2+3 个	4+1 个	5 个
	开拓费用	-80 000	-60 000	-20 000	0
	广告预算	-15 000	-15 000	-17 000	-17 000
人力资源部	管理人员工资	-10 000	-10 000	-10 000	-10 000
	五险	-3 110	-3 110	-3 110	-3 110
	销售人员	1 人	3 人	5 人	6 人

续表

岗位	目标	第 1 季度	第 2 季度	第 3 季度	第 4 季度
人力资源部	招聘费用	-500	-1 000	-1 000	-500
	工资	-3 600	-10 800	-18 000	-21 600
	五险	-1 120	-3 359	-5 598	-6 718
	培训费用	-500	-500	-1 000	0
	生产工人	6 人	12 人	16 人	16 人
人力资源部	招聘费用	-3 000	-3 000	-2 000	0
	工资	-18 000	-36 000	-48 000	-48 000
	五险	-5 598	-11 196	-14 928	-14 928
	培训费用		-3 600	-4 800	-4 800
销售部	销售收入	115 791×1.17	342 248×1.17	638 314×1.17	721 256×1.17
财务部	贴现				
采购部	原料采购	-64 125×1.17	-138 375×1.17	-232 238×1.17	

说明

（1）3 条手工线第二季度安排生产前立即出售，当时回款（当季不需要折旧）。

（2）假如平均按 1.5 个季度的回款周期，那么要拿到现金相当于要付出 3%的贴息（第 1 季度贴息 2%，第 2 季度贴息 4%，具体根据老师的设置），这里收现就扣除 3%的贴息，这样留有余地，也算是规避资金风险的一种手段。

（3）原料采购计划仅编制到第 3 季度，其他季度留给大家自己编制。

表 3-50　　经营规划表二（第 5～8 季度）　　单位：元

岗位	目标	第 5 季度	第 6 季度	第 7 季度	第 8 季度
研发部	品牌数量	6 个	6 个	6 个	6 个
	研发投入	0	0	0	0
制造部	厂房投资	租中厂房	租中厂房	租中厂房	租中厂房
	租金	-5 000	-5 000	-5 000	-5 000
	设备数量	4 柔	4 柔	4 柔	4 柔
	设备投资	0	0	0	0
	设备出售	0	0	0	0

续表

岗位	目标	第 5 季度	第 6 季度	第 7 季度	第 8 季度
制造部	设备维护	-120 000	-120 000	-120 000	-120 000
	设备升级	-1 000	0	0	0
	资质认证	-30 000/ICTI	-30 000/ICTI	0	0
市场部	渠道开拓	5 个	5 个	5 个	5 个
	开拓费用	0	0	0	0
	广告预算	-15 000	-15 000	-15 000	-15 000
人力资源部	管理人员工资	-10 000	-10 000	-10 000	-10 000
	五险	-3 110	-3 110	-3 110	-3 110
	销售人员	6 人	6 人	6 人	6 人
	招聘费用	0	0	0	0
人力资源部	工资	-21 600	-21 600	-21 600	-21 600
	五险	-6 718	-6 718	-6 718	-6 718
	培训费用	0	0	0	0
	生产工人	16 人	16 人	16 人	16 人
	招聘费用	0	0	0	0
	工资	-48 000	-48 000	-48 000	-48 000
	五险	-14 928	-14 928	-14 928	-14 928
	培训费用	-1 200	0	0	0
销售部	销售收入	756 043×1.17	759 090×1.17	785 561×1.17	769 270×1.17
财务部	贴现				
采购部	原料采购				

2. 将经营规划表中的数据过账到现金流量表（见表 3-51、表 3-52）。

3. 根据现金流量表编制损益表（见表 3-53）。

4. 根据现金流量表和损益表编制资产负债表（见表 3-54）。

表 3-51　　现金流量预算表一（第 1～4 季度）　　单位：元

项目	第 1 季度	第 2 季度	第 3 季度	第 4 季度	备注	
季度初现金余额	587 000	71 320	72 656		注册 3 000，办公 10 000/季度	
产品设计费用	90 000	90 000				当即付
产品研究费用		40 000				当即付
市场开发费用	80 000	60 000	20 000			当即付
广告宣传费用	15 000	15 000	17 000	17 000		当即付
厂房租金	8 000	5 000	5 000	5 000	产品成本	期末付
设备购买费用	480 000	120 000			产品成本（折旧）	当即付
设备维修费用	6 000	9 000	120 000	120 000	产品成本	期末付
设备升级费用		3 000	4 000	4 000	产品成本	当即付
设备搬迁费用					产品成本	当即付
资质认证费用		30 000	30 000	30 000		当即付
原料采购费用	64 125	138 375	232 238		产品成本	当即付
进项税	10 901	23 524	39 480			当即付
管理人员工资	10 000	10 000	10 000	10 000		期末付
管理人员五险	3 110	3 110	3 110	3 110		期末付
销售人员工资	3 600	10 800	18 000	21 600		期末付
销售人员五险	1 120	3 359	5 598	6 718		期末付
生产工人工资	18 000	36 000	48 000	48 000	产品成本	期末付
生产工人五险	5 598	11 196	14 928	14 928	产品成本	期末付
加工费	10 800	10 800	14 712	15 152	产品成本	期末付
员工招聘费用	3 500	4 000	3 000	500		当即付
员工培训费用	500	4 100	5 800	4 800		当即付
员工辞退补偿						期末付
未签合同罚款						期末付
行政管理费用	7 000	15 000	21 000	22 000		期末付
未交货违约金						期末付

续表

项目	第 1 季度	第 2 季度	第 3 季度	第 4 季度	备注
到期银行借款					期末付
当即支付小计	744 026	527 999	351 518		非阴影部分
期末支付小计	73 228	114 265	260 348		阴影部分
本期融资收入	200 000	200 000			
借款利息	10 000	10 000			
贴现利息					
进入产品配送	进入之前需考虑**融资决策**，预算后面的销售收入是否足够各项开支				
销售收入	115 791	342 248	638 314	721 256	
销项税	19 684	58 182	108 513	122 614	
销售收入贴现	131 411	388 417	724 423	818 553	
销售原料收入					
卖出厂房收入					
卖出设备收入	0	114 000			
转让订单收入					
季末现金余额	91 157	121 473	185 212		紧急借款点
进入下一季度	单击进入，分别计算本季末数据、下季初数据，会有 2 个紧急借款出现点				
应收款到账					
应付款到期					
增值税	8 783	34 658	69 033		销项税-进项税
三税	1 054	4 159	8 284		增值税×12%
所得税	0				见损益表
办公室租金	10 000	10 000	10 000	10 000	
下季度初现金	71 320	72 656	97 895		紧急借款点

说明

1. 第 1 季度决策阶段需当即支付 744 026 元，企业的现金是否足够支付？期初现金 587 000 元，融资获得 190 000 元，共计 777 000 元，可够支付，剩余 32 974 元。

说明

2. 第 1 季度期末还需要支付 73 228 元，余款 32 974 元不够支付怎么办？还好，我们有销售收入。如果企业没有销售收入就只有在决策阶段预售 3 条手工线，款项可以在这个时候到达并用于支付期末费用；如果销售收入是应收账款，我们可以贴现。

3. 第 1 季度期末现金余额 91 157 元，可以支付下季度初的相关费用，最后剩余 71 320 元，顺利度过第 1 季度。

4. 第 2 季度决策阶段需当即支付 527 999 元，企业的现金是否足够支付？期初现金 71 320 元，融资获得 190 000 元（从第 1 季度的损益表看，勉强可以贷到 200 000 元，需扣除利息 10 000 元），再加上投入生产前即卖掉 3 条手工线获得 114 000 元，共计 375 320 元，根本不够支付，资金缺口 152 679 元。所以，不能只看季末现金余额为 121 473 元，那是计入了销售收入的，而决策期间的开支是等不到销售收入到账的。

注意

从现金流量预算表看，第 2 季度、第 3 季度的期末现金和下季度初的现金均为正的，是不是就可以保证资金链不断裂了？问题没那么简单！

【结论】前面所编制的计划（方案）行不通，需要回头重新修改！

计划有可能需要修改的地方如下。

（1）推迟第 2 季度上第 4 条柔性线的计划，仅保留 3 条柔性线。这里可以减少支出 120 000 元。

（2）推迟部分产品的设计与研发计划，如品牌 6 的设计，这里可以减少支出 30 000 元，资金缺口的问题就基本解决了，但生产计划、销售计划、采购计划、人力资源计划等自然也会受到影响，必须考虑这些计划变化所导致的财务计划变化。

（3）修改计划还可以考虑的地方有市场开发计划、广告支出计划、人员培训计划、设备升级计划、资质认证计划等。

如果现金不足企业会怎么样？

当你的现金不足以支付决策期间的支出，系统会提示你现金不够，你的操作进行不下去，你只有从上面提供的路径中去想办法解决问题。也就是说，系统不会产生一笔紧急贷款。

当运营环节到了“进入下一季度”，系统会判断你的资金是否足够支付期末应付款，如果不足，系统出现一笔紧急贷款；之后，系统会再判断你的资金是否足够支付下季初应付款，如果不足，系统会再出现一笔紧急贷款。

在实验课中，为了让同学们能将学习进行下去，系统可以无限制地提供紧急借款，企业可以艰苦地运营下去。当然，这个小组的成绩就会是比较差的了。

在现实社会里，企业出现紧急借款就像是借了高利贷。企业偶尔借点高利贷性质的“过桥”资金是没有问题的，但如果长期依靠高利贷来解决运营资金问题，企业是无法生存下去的。

大学生创业要尽量避免高利贷，因此，在实验课中要努力提高对资金的掌控能力，尽最大可能不要产生紧急借款！

表 3-52　　现金流量预算表二（第 5～8 季度）　　单位：元

项目	第 5 季度	第 6 季度	第 7 季度	第 8 季度	
季度初现金余额					
产品设计费用					
产品研究费用					
市场开发费用					
广告宣传费用	15 000	15 000	15 000	15 000	
厂房费用	5 000	5 000	5 000	5 000	
设备购买费用					
设备维修费用	120 000	120 000	120 000	120 000	
设备升级费用	1 000				
设备搬迁费用					
资质认证费用	30 000	30 000			
原料采购费用					
进项税					
管理人员工资	10 000	10 000	10 000	10 000	
管理人员五险	3 110	3 110	3 110	3 110	
销售人员工资	21 600	21 600	21 600	21 600	
销售人员五险	6 718	6 718	6 718	6 718	
生产工人工资	48 000	48 000	48 000	48 000	
生产工人五险	14 928	14 928	14 928	14 928	
加工费	15 600	15 712	15 712	15 712	
员工招聘费用					

续表

项目	第 5 季度	第 6 季度	第 7 季度	第 8 季度	
员工培训费用	1 200				
员工辞退补偿					
未签合同罚款					
行政管理费用	22 000	22 000	22 000	22 000	
未交货违约金					
到期银行借款					
当即支付小计					
期末支付小计					
本期融资收入					
借款利息					
贴现利息					
进入产品配送	进入之前需考虑**融资决策**，预算后面的销售收入是否足够各项开支				
销售收入	756 043	759 090	785 561	769 270	
销项税	128 527	129 045	133 545	130 776	
销售收入贴现	858 033	861 491	891 533	873 045	
销售原料收入					
卖出厂房收入					
卖出设备收入					
转让订单收入					
季末现金余额					紧急借款点
进入下一季度	单击进入，分别计算本季末数据、下季初数据，会有 2 个紧急借款点				
应收款到账					
应付款到期					
增值税					
三税					
所得税					
办公室租金	10 000	10 000	10 000	10 000	
下季度初现金					紧急借款点

表 3-53　　损益表预算（第 1～4 季度）　　单位：元

一、营业收入	第 1 季度	第 2 季度	第 3 季度	第 4 季度
其中：产品销售额	115 791	342 248	638 314	721 256
减：营业成本				
其中：当季产品交货成本	72 075	154 442	329 616	386 317
减：营业税金及附加	1 054	4 159	8 284	0
减：销售费用	99 720	89 159	60 598	45 318
其中：广告宣传费	15 000	15 000	17 000	17 000
市场开拓费	80 000	60 000	20 000	0
销售人员工资	3 600	10 800	18 000	21 600
销售人员五险	1 120	3 359	5 598	6 718
减：管理费用	127 110	206 210	82 910	80 410
其中：公司注册费	3 000			
行政管理费	7 000	15 000	21 000	22 000
管理人员工资、五险	13 110	13 110	13 110	13 110
人员招聘费	3 500	4 000	3 000	500
员工培训费	500	4 100	5 800	4 800
品牌设计费	90 000	90 000	0	0
产品研发费	0	40 000	0	0
资质认证费	0	30 000	30 000	30 000
办公室租金	10 000	10 000	10 000	10 000
减：财务费用	14 064	10 000	0	0
其中：银行借款利息	10 000	10 000	0	0
紧急借款利息				
贴现利息	4 064			
二、营业利润	−198 232			
减：营业外支出				
其中：未交货违约金				
三、利润总额	−198 232			
减：所有税费用	0			
四、净利润	−198 232			

表 3-54　　资产负债表预算（第 1～4 季度，简化）　　单位：元

项目	第 1 季度	第 2 季度	第 3 季度	第 4 季度
流动资产：				
货币资金	91 157			
应收账款（价税合计）				
存货	46 554			
其中：原材料	0			
产成品	46 554			
流动资产合计	137 711			
非流动资产：				
固定资产原值	480 000			
减：累计折旧	6 000			
固定资产净值	474 000			
无形资产				
非流动资产合计	474 000			
资产总计	611 711			
流动负债：				
短期借款（含紧急借款）	200 000			
应付账款				
应交税款	9 837			
流动负债合计	209 837			
非流动负债：				
长期借款				
非流动负债合计				
负债合计				
股东权益：				
实收资本	600 000			
未分配利润				
其中：当季利润	-198 232			
股东权益合计	401 768			
负债和股东权益总计	611 605			

说明

（1）资产负债表两边有少量出入，主要原因是成本核算过程中很多小数点只保留 1 位或取整等因素造成的。

（2）第 2 季度、第 3 季度、第 4 季度的损益表和资产负债表由学生自行完成。

六、风险分析

（一）现代企业风险的种类及防范措施

每个企业都有其经营发展的目标，在实现经营目标的过程中，存在着影响目标实现的不确定因素，这些不确定因素就是所说的风险。风险客观存在，并且对企业

的发展构成一定的威胁。在市场经济条件下，企业作为市场的主体参与市场竞争，必须认清面临的各种风险，正确理解风险的存在，这样才能在市场竞争中识别、防范、化解和规避风险，才能避免运营中不可预见的损失，达到预期的经营发展目标。如果一个企业没有经营发展的眼光，没有风险管理的意识，没有防范风险的措施，它将只能是“积之不厚，行之不远”。

1. 风险的种类

宏观上，企业的风险包括政治风险、法律（合规性）风险、操作（运作）风险、项目风险、财务风险、汇率利率风险等。①本教材主要介绍以下几种风险。②

（1）运营风险

企业运营风险种类很多，这里所说的运营风险，主要是指法律风险。企业所有的经营活动，都要和政府、其他企业或社会组织、企业内部员工或其他公民，以及国外的经济组织或个人发生各种经济关系。这些关系主要通过相应的法律法规来调整和规范。其内容主要包括以下方面。

一是企业组织法律。如《公司法》对公司企业的设立条件、设立程序、组织机构、组织变更和终止的条件和程序等都作了明确规定，这些规定企业必须严格遵守，否则就有可能被黄牌警告，甚至被红牌踢出局。

二是税务法律法规。任何企业都有法定的纳税义务，税务法律不允许企业偷税、欠税、抗税，有许多企业因为违反税务法律而不堪税务重罚，或被吊销营业执照等而倒闭。

三是财务法律法规。企业的标志之一就是账证健全，银行开户，否则不成为企业，而企业的账证要求企业按《会计法》《企业财务通则》《行业财务制度》等财务法律法规，真实、准确、完整地进行会计核算，绝不允许做假账。

除此之外，企业还必须遵守国家的合同法、劳动法、安全生产法、产品质量法和社会保障等相关法律法规，涉外企业还必须遵守企业所在国相关的法律法规。否则，将因违反这些法律法规而遭遇“官司”，不同程度地面临运营风险。

（2）市场风险

一是市场竞争。市场竞争能促使企业通过更好的方法，如更新设备、改进技术、引进人才、强化管理等来生产更先进的产品，为消费者提供更优质的服务，为用户提供更多的便利，以此推动企业的发展。同时，竞争也能够给企业带来威胁，俗话说“商场如战场”，竞争如同“商业战争”，优胜劣汰，激烈的市场竞争环境下，市场风险时刻警示着企业。

二是金融环境。企业的长、短期负债，很大一部分来自金融机构和非金融机构的借款，存贷利率的变动，票据的承兑和贴现，股票、债券等有价证券的买卖，黄

① 中国注册会计师协会. 公司战略与风险管理[M]. 北京：经济科学出版社，2009：247-286.

② 陈霞. 浅谈现代企业风险的种类及防范措施[J]. 公用事业财务，2006（1）.

金和外汇的兑换，生产资料的期货交易，以及国内外的各种保险业务，都不是企业所能左右的，这些都受金融市场的影响，金融环境将直接给企业带来运营风险。

三是宏观经济状况。宏观经济状况很大程度取决于政府经济政策，在经济增长速度加快时，市场对厂房、机器设备、存货、工人和专业人才等提出更高更多的要求；而在经济萎缩时，上述投入又会成为企业的沉重负担，引起企业资金周转不灵，资产减值，甚至出现资不抵债，增加企业关、停、并、转甚至破产的风险。

（3）财务风险

一是筹资风险。企业的筹资方式最常见的有短期或长期借款，发行股票和债券，商业信用。不同的筹资方式有其不同的优缺点，也就不同程度地存在着筹资风险，比如短期借款短期内要归还，特别是带有诸多附加条件的借款会使财务风险加大；发行股票，如果公司业绩不佳，股价长期低迷，则会增加公司偿还债务的压力，加大公司财务风险；商业信用可能会因为延期付款而要交付罚金，因而也存在风险。

二是投资风险。投资风险取决于投资决策，同等的资金投入不同的行业，或同等资金投入同一行业但不在同一区域，其收益和风险是不一样的，投资决策方案建立在各种假设基础上，而这些假设带有很大的不确定性，因而风险有时还难以预测。

三是税务风险。在不违反税法的前提下，企业采取合理避税的措施，“合理避税”实际是钻了税法不完善或征收管理上的漏洞，这是一种边缘风险，一不小心，合理避税就会变成有意偷税，在税收实务中，这方面的例子有很多，因为税务风险而导致企业被起诉的情况也时有发生。

（4）人事风险

一是管理人员的品行和能力。管理人员的诚信度越高，能力越强，企业人事风险相对会较小；如果管理人员道德品质有问题，做事又相当隐蔽，则人事风险会加大。

二是企业员工的变动影响。企业员工流失严重，说明企业适合员工生存的环境不理想，员工的不稳定，尤其是重要岗位管理人员包括财务人员更迭频繁，可能会给企业带来的损失及风险。

三是员工遭受的异常压力。俗话说“有压力才有动力”，但如果压力超出员工所能承受的限度，压力就会严重影响员工的心态，面对压力时员工要么逃避，要么就是敷衍了事，这样会给企业带来不利影响。

2. 风险的防范措施

企业存在风险是必然的，风险与收益有着密切的关系，所谓“高风险、高回报，低风险、低回报，无风险、无回报”，这说明，任何一个企业都存在一定的风险，没有完全无风险的企业。但不是企业有风险就一定有收益，也并不是风险越高，收益就一定高，企业风险超过一定的限度，风险将变成危险，直接威胁企业的生存和发展。所以，对企业风险的防范与管理已成为现代企业管理的一个重要组成部分。

（1）建立健全法律风险防范机制，做到依法治企

企业市场化后，企业决策层面临很多诸如“怎样防止被侵害”“怎样避免违法”的选择。我国法制尚不够健全，企业的法律选择空间很大，风险也相应地较多。企业通常遇到的法律事务有企业规章制度的合法合规、经营纠纷、劳资纠纷、安全质量事故处理、合同纠纷等。这些都与运营过程中企业对法律风险的认识和采取的应对措施有关。企业运营过程中的法律风险可从以下几方面防范。

一是设立专门法律事务处理机构，配备专职法律事务管理人员，统一处理企业法律事务。由专业机构和人员就企业的法律事务进行预测、分析和处理，可以将法律风险降到最低限度，或者将法律风险处理在萌芽状态。

二是建立健全企业总法律顾问制度。企业在进行重大投资决策、重要经营活动、资产处置、改制改组、制度建设等工作前，企业法律顾问就此事项进行法律论证和审查，往后即使遇到法律风险企业也可把握有利时机，专业地化解风险。

三是企业最高管理层要增强法律意识，重视法律知识的学习和培训，提高各级管理人员的法律意识和运用法律的能力，养成依法管理的工作意识、工作思路和工作习惯。

四是关注立法动向，对国家新颁布或即将颁布的法律、法规及时学习研究，对照已颁布的相关法律、法规对企业的规章制度进行增、减、删、废，做到依法决策、依法经营、依法管理。

（2）强化内部控制，防患于未然

内部控制是组织经营管理者为了维护财产物资的安全、完整，保证会计信息的真实、可靠，保证经营管理活动的经济性、效率性和效果性以及各项法律和规范的遵守，而对经营管理活动进行调整、检查和制约所形成的内部管理机制，是组织为实现管理目标而形成的自律系统。有观点认为，内控的过程涵盖了公司所面对的，并在公司内由各级人员所经营的所有的内部和外部的风险。它贯穿于企业经营活动的各个方面。主要包括以下内容。

一是控制环境。

① 经营管理的观念、方式和风格。如企业最高管理层对待经营风险态度和控制经营风险的方法；对会计报表（如有的企业有对内、对外二种报表）所持的态度和所采取的行动。对现行的会计准则和会计估计所持有的谨慎和冒进的态度等。

② 组织结构。企业的组织结构为企业活动提供计划、执行、控制和监督职能的整体框架，企业要设置合理的组织结构，明确各职能部门的职责范围，并在各自的授权范围内从事本职工作。

③ 管理控制。企业最高管理层对其他人的授权使用情况进行直接控制和对整个公司包括经营计划、财务预算、分析预测、报告层次和会计处理方法等实行监督控制。

④ 人事政策。企业必须雇用足够的人员并给予足够的资源，使其能完成所分配

任务，雇用的人员应充分考虑其工作胜任能力和道德品行问题，同时应考虑公司有关雇用、训练、待遇、业绩考评及晋升等政策和程序的合理程度。

⑤ 外部影响。企业外部影响较多，有来自政府、税务、工商、物价、环保、城管等管理单位，也有来自其他行业的影响，这些影响都要求企业采用特定的内部控制政策与程序来防范可能发生的风险。

二是控制活动。

① 交易授权和批准。每笔经济业务或活动都要经过适当的授权和批准，经过授权可以尽可能地减少不合规、不合理和不经济的行为发生。比如企业赊销业务，未经授权的赊销发生坏账的风险比经过授权的赊销要高得多。

② 职责划分。对某交易涉及的各项职责进行合理划分后，再指派给不同的员工，使每一个人的工作能自动地与另一个人或更多人的工作相互检查，可以降低错误或不正当行为的风险。例如，如果会计与出纳，材料采购与仓库保管，应收款项记账与催收人员的职责没有明确划分，甚至就是一个人兼做，发生错误和舞弊的情况会增多，资产损失的风险会增大。

③ 凭证与记录控制。凭证和记录是用来登记和汇总业务的载体，企业常见的凭证有销售发票、支票、合同和工时记录等。预先编号的凭证如合同、发票等比没有预先编号的凭证出现错误或舞弊的可能性要小，凭证审批手续不健全，甚至无审批人的收支凭证，其违法风险比审批严格的收支凭证风险大。

④ 对资产与记录的实物控制。对于各项资产，包括现金、有价证券、存货以记账簿、报表等文件记录都应该妥善保管，非授权人员不得接近资产和记录。例如，由非仓库保管接触企业存货，存货有可能被偷窃；企业财产未造册登记并明确使用保管责任人，财产会有可能流失。

⑤ 独立检查。由编制和提供数据以外的人员对已经记录的经济业务进行独立检查，以防止哪个环节发生疏忽和舞弊，同时可以及时纠正经济业务中发生的错弊。例如，账项复核、账实核对、计算机程序控制等。

三是信息沟通。

会计系统是信息沟通要素中最重要的子系统，包括确认、记录、处理和报告能反映业务数据的所有功能和程序。会计系统可以为适当人员提供有效信息，如根据企业投资收益水平及其历史发展趋势，分析企业未来经济发展走势；企业在成本管理中存在哪些重大问题，这些问题存在的主要原因以及解决这些问题的方法建议等；企业到期债务规模、时间要求，逾期未还可能造成的严重后果；企业应收账款的规模，呆死账的可能性等。会计系统提供的经营和财务信息对企业风险的控制与防范能起到很大的防范作用。

（3）加强内部审计，强化约束监督

内部审计是企业自我独立评价的一种活动，也是企业内部控制的一个重要组成部分。内部审计人员不从事具体的业务活动，独立于其他业务管理部门，可以全面、客观、公正地对企业风险进行识别，并提出防范、化解、规避风险的建议。

（二）本案企业风险及防范

在本案中，企业风险来自财务风险，包括现金流、再融资和销售收入三个方面。

1. 现金流的风险

从预算中可以看到，第 2 季度出现现金紧张的状况，如果不是企业有出售用工线的余地，企业就出现紧急借款了。

企业如果没有进行经营规划和财务预算，很容易出现现金流风险：要么是不顾资金约束盲目投资，出现资金链断裂（本案中，如果生产线再多建设 1 条，或广告再多打一些，产品研发再多投入一点，都有可能造成资金链断裂）；要么是畏首畏尾不敢投资，或造成资金浪费（本案中，第 1 季度的现金是存在浪费现象的），从而增加企业费用，减少盈利，亏损产生，甚至导致企业破产。

【防范措施】

一是做好现金流量预算，包括需要做好损益表和资产负债表的预算。

二是适当留出余地，即资金余额比资金需求适当多出一点。

三是留有后招，例如在资金紧张的时候能够贴现、延期付款，或减少投资。本案第 2 季度如果没有手工线的出售回款，也没有贴现和延期付款的可能，那么只能减少生产线、产品研发等方面的投资了。当然，最好不要出现这样的情况。

2. 再融资的风险

俗话说“银行是嫌贫爱富的”，企业往往是日子越好过，融资越容易，日子越难过，融资越困难。因为银行融资是要看企业的所有者权益（即净资产）的，当企业亏损的时候，所有者权益就会下降，企业融资的额度就越小。本案中，如果第 1 季度再多亏损一些，例如超过 20 万元，那么企业就不能融资 20 万元了。

【防范措施】

一是要做好损益表预算，而不仅仅是做现金流量预算。

二是要增加收入，减少费用，即开源节流，争取多盈利。

3. 销售收入的风险

市场竞争会给企业的销售收入带来许多不确定性。本案财务预算中销售收入是最大的一个不确定因素。如果企业无法实际预算销售收入，那么就极其容易陷入困境中。

【防范措施】

一是对销售收入的估算要留有余地，不能盲目乐观。

二是要及时调整战略策略（包括产品、市场定位），特别是在下一个季度中调整广告和价格策略，争取把库存压力化解。

实验项目 1　编制创业计划书（精简版）

实验课时：8 学时。

实验目的：掌握创业计划书编写的可行性和最优化。

实验要求：根据下面提供的表格，基于系统提供的行业背景和企业资源，完成各种计划的编写，其中，现金流量表预算时间范围要在 3 个季度以上。

实验内容：（表 S-1～表 S-25 仅供参考，可以根据自己的需要重新设计。）

表 S-1　市场需求预测与产能需求

季度	1	2	3	4	5	6	7	8
品质型								
经济型								
实惠型								
合计								
手工线								
自动线								
柔性线								

表 S-2　产品组合（研发）计划

品牌	定位	1	2	3	4	5	6	7	8
设计与研发费用									

表 S-3　品质型产品实际销售计划

品质型客户目标量								
	1	2	3	4	5	6	7	8
北京								
上海								
广州								
武汉								
成都								
合计								

表 S-4　经济型产品实际销售计划

经济型客户目标量								
	1	2	3	4	5	6	7	8
北京								
上海								
广州								
武汉								
成都								
合计								

表 S-5　实惠型产品实际销售计划

实惠型客户目标量								
	1	2	3	4	5	6	7	8
北京								
上海								
广州								
武汉								
成都								
合计								

表 S-6　　初步确定的各季度产能计划及现金支出计划

季度	1	2	3	4	5	6	7	8
策略								
运行								
产能								
累计								
开支								

说明

这里的产能是指工人未经培训，设备未经升级下的实际产能。

表 S-7　　工人培训与设备升级相结合下的实际出产计划

生产线	1	2	3	4	5	6	7	8
合计								
累计								

表 S-8　　实际出产计划与实际销售计划之比较

季度	1	2	3	4	5	6	7	8
销售量								
销量累计								
产能								
产能累计								

表 S-9　　定价策略（计划）

产品	市场定位	北京	上海	广州	武汉	成都

表 S-10　　销售收入与成本预测

产品	季度	1	2	3	4	5	6	7	8
	原价								
	新价								
	销量								
	收入								
	成本								
	原价								
	新价								
	销量								
	收入								
	成本								

续表

产品	季度	1	2	3	4	5	6	7	8
	原价								
	新价								
	销量								
	收入								
	成本								
	原价								
	新价								
	销量								
	收入								
	成本								
	原价								
	新价								
	销量								
	收入								
	成本								
	原价								
	新价								
	销量								
	收入								
	成本								
收入合计									
成本合计									

说明

如果想更准确，可以按产品、分区域市场预测价格和销量，计算销售收入。

表 S-11　　各产品的广告投放计划

品牌	定位	1	2	3	4	5	6	7	8
广告费用									

表 S-12　　具体的排产计划（按生产线）

生产线	1	2	3	4	5	6	7	8
工人能力								

表 S-13　　具体的排产计划（按品牌）

生产线	1	2	3	4	5	6	7	8
合格率								

表 S-14　　具体的出产计划与销售计划（按品牌）

产品		1	2	3	4	5	6	7	8
	出产								
	需求								
	出产								
	需求								
	出产								
	需求								
	出产								
	需求								
	出产								
	需求								
	出产								
	需求								

表 S-15 产品配置（BOM）

品牌	定位	包装	面料	填充	其他

表 S-16 各种原料的需求计划

采购量	1	2	3	4	5	6	7	8
玻璃包装纸								
纸质包装盒								
金属包装盒								
小计								
短平绒								
松针绒								
玫瑰绒								
小计								
PP 棉								
珍珠棉								
棉花								
小计								
发声装置								
发光装置								

表 S-17 采购资金需求计划（含折扣）

采购量	1	2	3	4	5	6	7	8
玻璃包装纸								
纸质包装盒								
金属包装盒								
小计								

续表

采购量	1	2	3	4	5	6	7	8
短平绒								
松针绒								
玫瑰绒								
小计								
PP 棉								
珍珠棉								
棉花								
小计								
发声								
发光								
小计								

表 S-18　　生产工人招聘计划及工资费用

生产线	1	2	3	4	5	6	7	8
招聘费用								
工资								

表 S-19　　生产工人培训计划及费用

生产线	1	2	3	4	5	6	7	8

续表

生产线	1	2	3	4	5	6	7	8
培训费用								

表 S-20　　销售人员招聘与培训计划

季度	1	2	3	4	5	6	7	8
人数								
北京								
上海								
广州								
武汉								
成都								
招聘费用								
工资								
培训费用								

表 S-21　　经营规划表一（第 1～4 季度）

岗位	目标	第 1 季度	第 2 季度	第 3 季度	第 4 季度
研发部	品牌数量				
	研发投入				
制造部	厂房投资				
	租金				
	设备数量				
	设备投资				
	设备出售				
	设备维护				
	设备升级				
	资质认证				

续表

岗位	目标	第 1 季度	第 2 季度	第 3 季度	第 4 季度
市场部	渠道开拓				
	开拓费用				
	广告预算				
人力资源部	管理人员工资				
	五险				
	销售人员				
	招聘费用				
	工资				
	五险				
	培训费用				
	生产工人				
	招聘费用				
	工资				
	五险				
	培训费用				
销售部	销售收入				
财务部	贴现				
采购部	原料采购				

表 S-22　　经营规划表二（第 5～8 季度）

岗位	目标	第 5 季度	第 6 季度	第 7 季度	第 8 季度
研发部	品牌数量				
	研发投入				
制造部	厂房投资				
	租金				
	设备数量				
	设备投资				

续表

岗位	目标	第5季度	第6季度	第7季度	第8季度
制造部	设备出售				
	设备维护				
	设备升级				
	资质认证				
市场部	渠道开拓				
	开拓费用				
	广告预算				
人力资源部	管理人员工资				
	五险				
	销售人员				
	招聘费用				
	工资				
	五险				
	培训费用				
	生产工人				
	招聘费用				
	工资				
	五险				
	培训费用				
销售部	销售收入				
财务部	贴现				
采购部	原料采购				

表 S-23　　现金流量预算表一（第 1～4 季度）

项目	第1季度	第2季度	第3季度	第4季度	
季度初现金余额					
产品设计费用					

续表

项目	第 1 季度	第 2 季度	第 3 季度	第 4 季度		
产品研究费用						
市场开发费用						
广告宣传费用						
厂房租金					产品成本	期末付
设备购买费用					产品成本（折旧）	
设备维修费用					产品成本	期末付
设备升级费用					产品成本	
设备搬迁费用					产品成本	
资质认证费用						
原料采购费用					产品成本	
进项税						
管理人员工资					期末付	
管理人员五险					期末付	
销售人员工资					期末付	
销售人员五险					期末付	
生产工人工资					产品成本	期末付
生产工人五险					产品成本	期末付
加工费					产品成本	期末付
员工招聘费用						
员工培训费用						
员工辞退补偿						期末付
未签合同罚款						期末付
行政管理费用						期末付
未交货违约金						期末付

续表

项目	第 1 季度	第 2 季度	第 3 季度	第 4 季度	
到期银行借款					期末付
当即支付小计					非阴影部分
期末支付小计					阴影部分
本期融资收入					
借款利息					
贴现利息					
进入产品配送	进入之前需考虑融资决策，预算后面的销售收入是否足够各项开支				
销售收入					
销项税					
贴现					
销售原料收入					
卖出厂房收入					
卖出设备收入					
转让订单收入					
季末现金余额					紧急借款点
进入下一季度	单击进入，分别计算本季末数据、下季初数据，会有 2 个紧急借款出现点				
应收款到账					
应付款到期					
增值税					销项税－进项税
三税					增值税×12%
所得税					见损益表
办公室租金					
下季度初现金					紧急借款点

表 S-24　　　　损益表预算（第 1～4 季度）

一、营业收入	第 1 季度	第 2 季度	第 3 季度	第 4 季度
其中：产品销售额				
减：营业成本				
其中：当季产品交货成本				
减：营业税金及附加				
减：销售费用				
其中：广告宣传费				
市场开拓费				
销售人员工资、五险				
减：管理费用				
其中：公司注册费				
行政管理费				
管理人员工资、五险				
人员招聘费				
员工培训费				
品牌设计费				
产品研发费				
资质认证费				
办公室租金				
减：财务费用				
其中：银行借款利息				
紧急借款利息				
贴现利息				
二、营业利润				
减：营业外支出				
其中：未交货违约金				
三、利润总额				
减：所有税费用				
四、净利润				

表 S-25　　资产负债表预算（第 1～4 季度，简化）

项目	第 1 季度	第 2 季度	第 3 季度	第 4 季度
流动资产：				
货币资金				
应收账款（价税合计）				
存货				
其中：原材料				
产成品				
流动资产合计				
非流动资产：				
固定资产原值				
减：累计折旧				
固定资产净值				
无形资产				
非流动资产合计				
资产总计				
流动负债：				
短期借款（含紧急借款）				
应付账款				
应交税款				
流动负债合计				
非流动负债：				
长期借款				
非流动负债合计				
负债合计				
股东权益：				
实收资本				
未分配利润				
其中：当季利润				
股东权益合计				
负债和股东权益总计				

第二部分

企业注册

第四章 系统登录

一、教师端登录

1. 进入教室（见图 4-1）

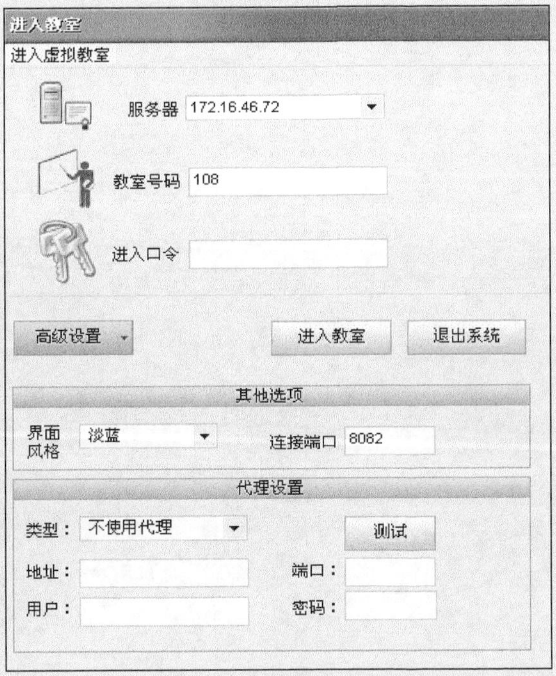

图 4-1 进入教室界面

说明

（1）服务器地址、教室进入口令向服务器管理员索取，之后可以设置自己的密码。

（2）连接端口根据服务器管理员提示设置。

2. 选择班级（见图 4-2）

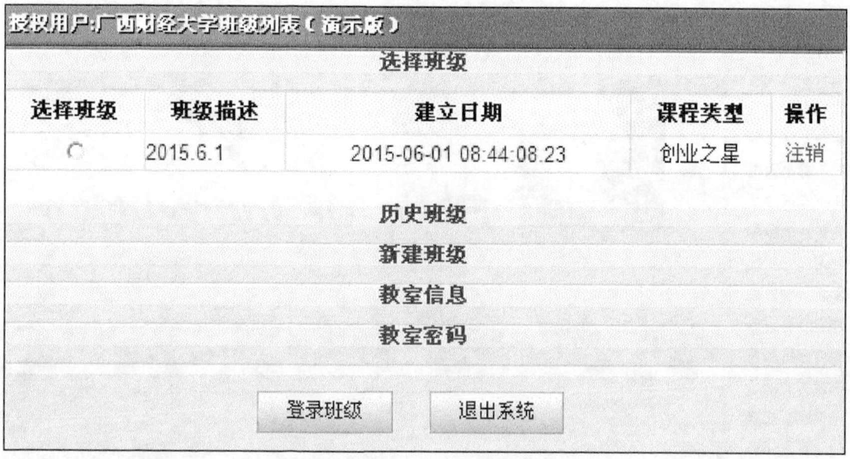

图 4-2　选择班级界面

3. 新建班级（见图 4-3）

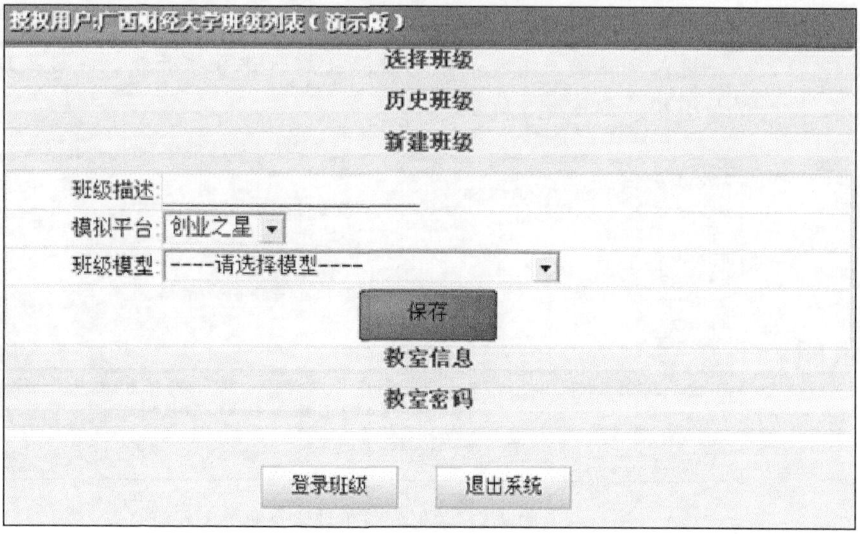

图 4-3　新建班级界面

说明

（1）首先进入教室后再建立班级。

（2）建立班级时要指定以哪个行业为实验背景，其中，玩具、电子书制作等是比较成熟的行业实验模块（指软件本身的稳定性）。

4. 进入主界面（见图 4-4）

图 4-4　讲师端主界面

说明

进入主界面后首先要做的就是进行授课分组管理，一般采取批量增加小组。如图 4-5 所示。

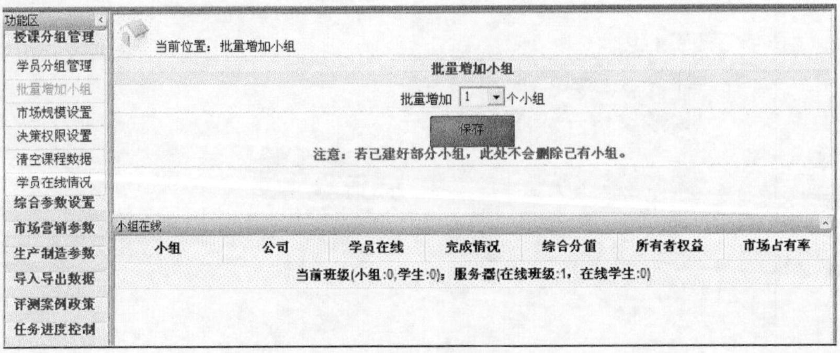

图 4-5　学生分组（设置企业数）界面

二、学生端登录

1. 登录界面（见图 4-6）

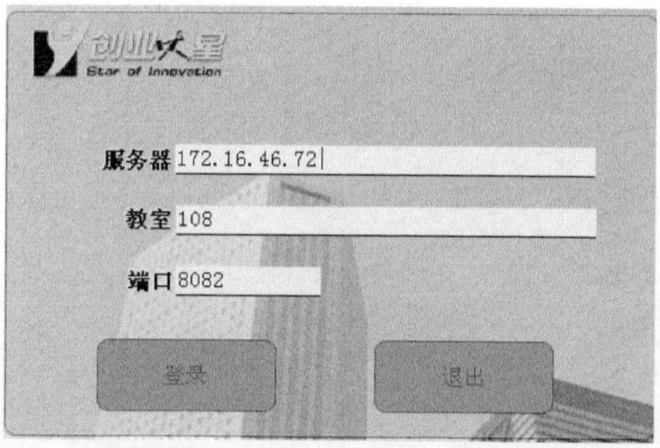

图 4-6　学生进入教室界面

2. 登录或注册（见图 4-7）

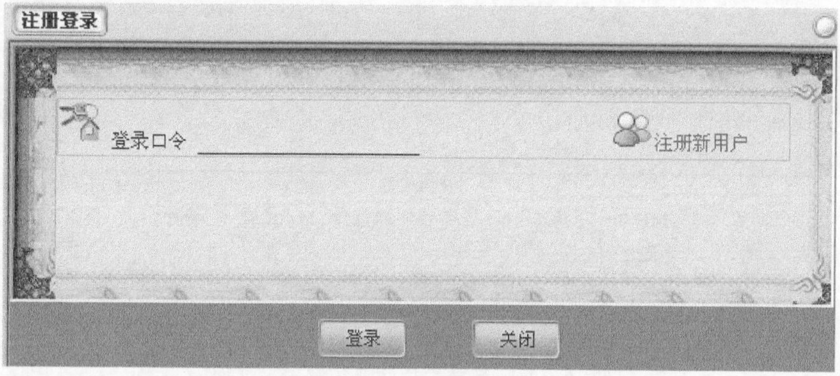

图 4-7　学生登录界面

说明

（1）老用户可以输入口令直接登录。

（2）新用户需要注册完成相关的信息录入。

3. 注册信息（见图 4-8）

说明

（1）姓名必须真实，便于后面登录学生成绩。

（2）身份证号码必须符合规范，且与出生日期相符。

说明

（3）这些信息很有可能在后面的企业注册中要使用，所以必须规范。

（4）来自：填写学生的学号，后3位即可。

（5）选择加入教师指定的小组。

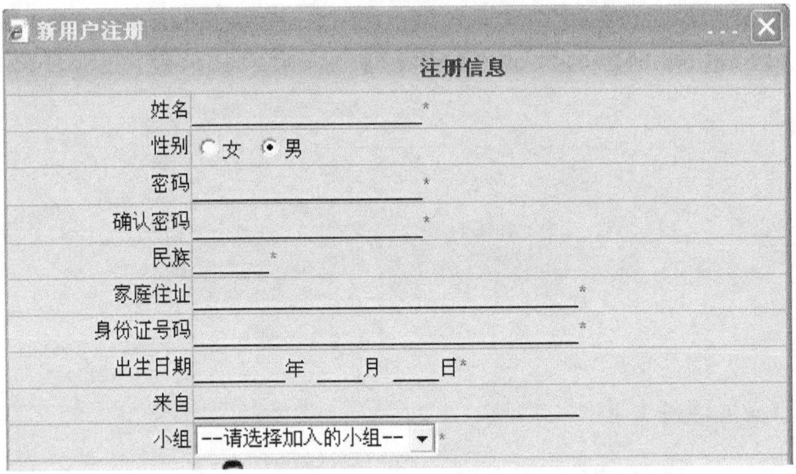

图 4-8　学生注册界面

4. 注册审批（见图 4-9）

图 4-9　教师批准学生注册（解锁）界面

学生提交注册申请后，在教师端程序，单击左边菜单“系统参数设置—学员分组管理”，右边会显示出新申请的学生姓名。单击该名字右边的“账户锁定”一栏的加锁标志，标志变为“🔓”，则表示已同意该学生通过注册审批，学生可以操作了。

5. 进入主界面（见图 4-10）

学生端：按“F5”键刷新屏幕，或重新启动程序，会看到申请已获教师批准。选择自己申请注册的名字，输入自己设置的密码，单击“登录”，即可进入学生端程序的主场景。

图 4-10 学生端主界面（运营管理主界面）

第五章 企业注册

所有的企业创立注册工作在第 0 季度内完成，包括工商登记、注资开户、账户验资、企业刻章、税务登记、质量检测、社会保险等工作。学生可以从 3D 大楼中进去，也可以直接从快速导航仪表盘中进去办理业务。

企业注册整个流程和主要工作如图 5-1 所示。

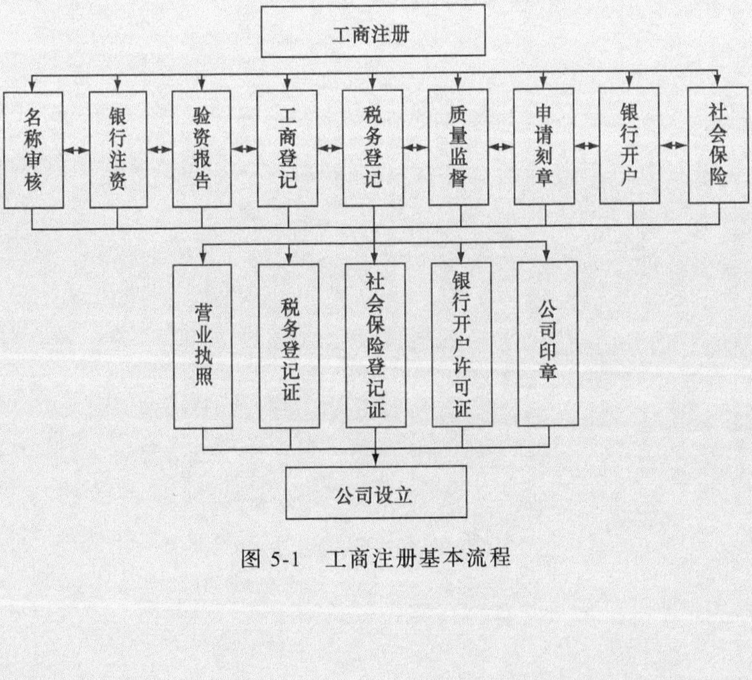

图 5-1　工商注册基本流程

在注册过程中，如遇到问题，可以单击主界面方向盘右边的“？”获得一些提示！

说明 在填写注册信息（建议真实）时一定要将相关信息记住，因为所有的信息后面都有可能要再次用到，前后不符是注册不了的。另外，输入信息时不要有空格。

一、租赁办公场所

单击“创业大厦”的入口处。根据系统提示完成房屋租赁合同的签订，单击合同右下角的乙方负责人签字处的笔形标志，完成合同的签订，如图 5-2 所示。

合同签订成功后，系统会自动为你分配一间办公室，请记下办公室的详细地址信息，后面注册会用到。

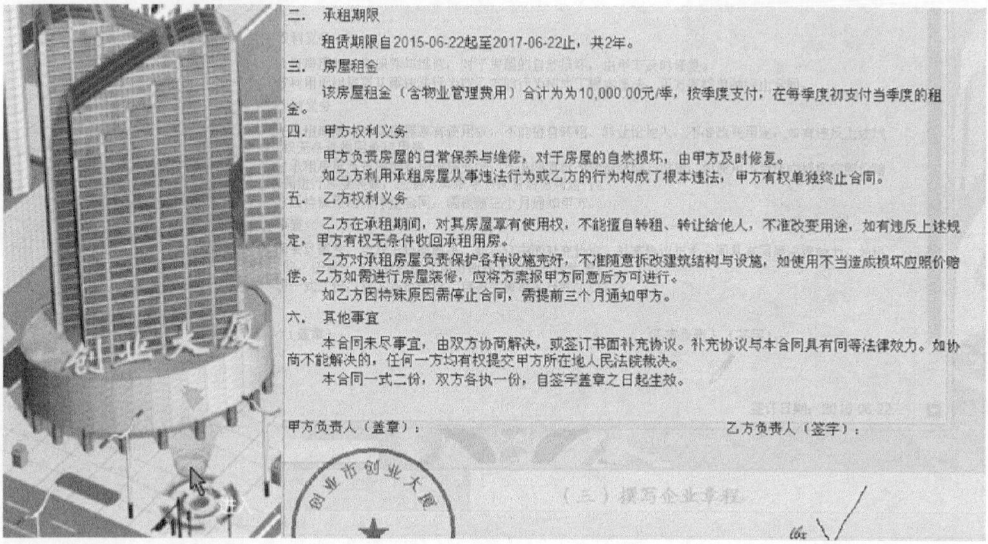

图 5-2 办理租赁办公场所

二、企业名称登记

单击“工商行政管理局”入口。在办事大厅内可以看到有三个办事窗口，单击最左边的“名称审核”窗口。按“指定代表证明”—“名称预审核”的顺序进行，不会填写的查看填写说明或出错提示。指定代表是指指定谁去办理注册业务，名称预审核是指预先审核公司名称是否重复、合法、合规。创业市是企业所在地，投资人可以是小组管理层成员，并指定出资比例，如图 5-3 所示。

三、撰写企业章程

从“工商行政管理局”回到“创业大厦”（或仪表盘的“公司”），单击“会议室”。单击“企业章程”，完成企业章程的编写工作。也可以在其他地方写好后复制粘贴到此处。

说明

1. 企业章程是法定项，必须填写。

2. 创业计划是可选项，前面我们已经完成，你可以把简略的内容录入。

3. 经营计划是财务预算，这里主要是现金流量表预算，强烈建议完成。

图 5-3　公司名称登记

四、企业注册资金

进入“创业银行”（见图 5-4），单击“对公业务”窗口，这里有 2 项业务，一是股东资金存款；二是开设银行账户（实际上是开立银行结算账户）。由于开设银行结算账户需要税务登记证书编号，这项业务还没有开始办理；因此，暂时无法开设银行账号，可以先将股东资金存入银行。

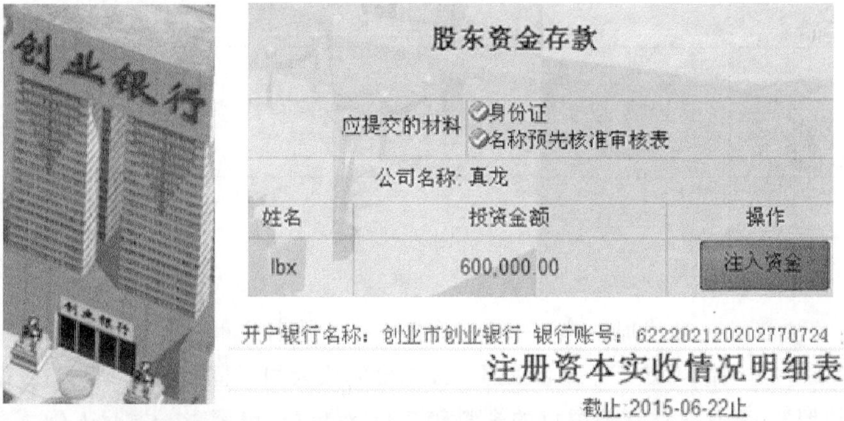

图 5-4 企业注册资金

> 虽然现在还没有办理“开设银行账户”，但股东将资金存入银行之后会形成一个银行账号，后面税务登记时是需要用到的，这里要记住这个账号。
>
> **注意**

五、领取验资报告

进入“会计师事务所”（或方向盘中的“验资”按键直接进入）。在弹出窗口中单击“出具验资报告”菜单，完成企业股东注册资金的验资，并领取验证证明，如图 5-5 所示。

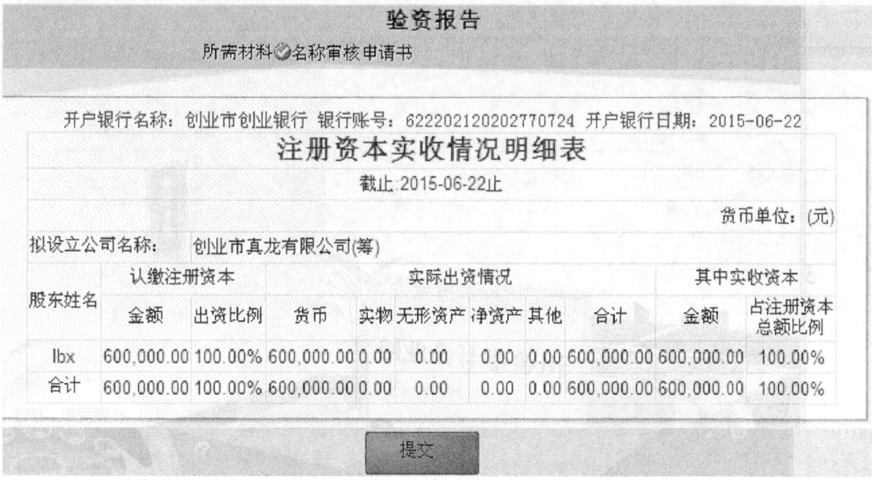

股东姓名	认缴注册资本		实际出资情况						其中实收资本	
	金额	出资比例	货币	实物	无形资产	净资产	其他	合计	金额	占注册资本总额比例
lbx	600,000.00	100.00%	600,000.00	0.00	0.00	0.00	0.00	600,000.00	600,000.00	100.00%
合计	600,000.00	100.00%	600,000.00	0.00	0.00	0.00	0.00	600,000.00	600,000.00	100.00%

图 5-5 向会计事务所提交验资申请

说明

通过验资后，会计事务所会提供一份验资报告（证明）。

六、企业设立登记

去“工商行政管理局”，这里有三项业务：一是名称审核，前面已经完成；二是公司设立；三是领取工商营业执照。首先要完成公司设立相关登记后，才能领取“营业执照”。企业设立需要提供的资料较多（公司设立申请表—发起人确认书—法定代表登记—公司股东名录—董事经理情况—指定代理证明），要备齐材料，如图5-6所示。

注意

在填写“企业股东名录”时，如果企业由多名股东组成，则要填写所有股东的相关信息。

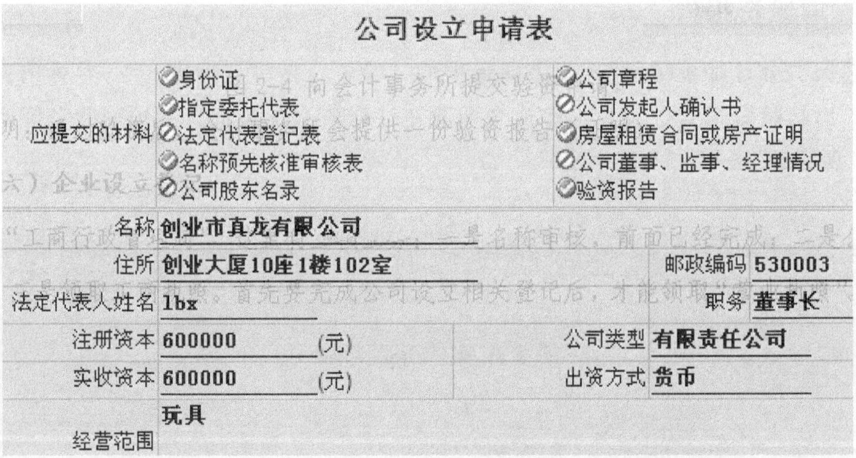

公司设立申请表

应提交的材料	身份证 指定委托代表 法定代表登记表 名称预先核准审核表 公司股东名录		公司章程 公司发起人确认书 房屋租赁合同或房产证明 公司董事、监事、经理情况 验资报告
名称	创业市真龙有限公司		
住所	创业大厦10座1楼102室	邮政编码	530003
法定代表人姓名	lbx	职务	董事长
注册资本	600000（元）	公司类型	有限责任公司
实收资本	600000（元）	出资方式	货币
经营范围	玩具		

图5-6　公司设立申请表

说明

由图5-6可知，在完成公司设立申请之前，要按照“公司发起人确认书—法定代表登记表—公司董事、监事、经理情况—公司股东名录—公司设立申请—领取工商执照（见图5-7）”的顺序逐一完成。

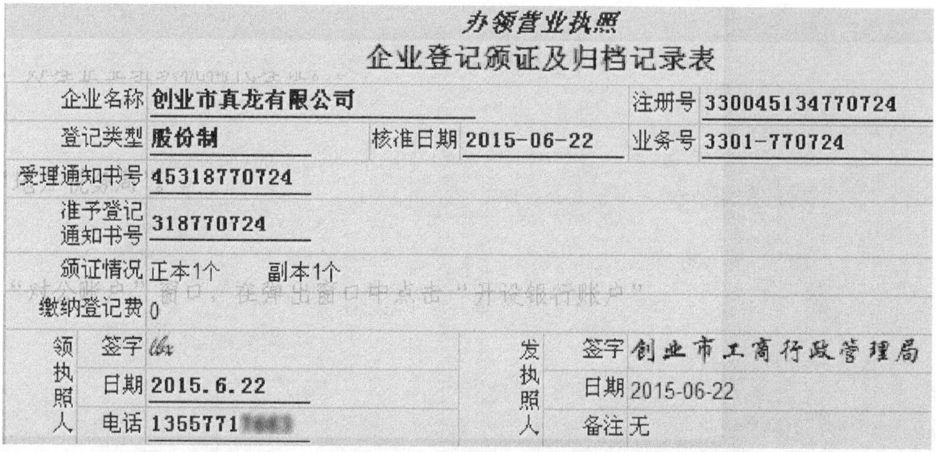

办领营业执照

企业登记颁证及归档记录表

企业名称	创业市真龙有限公司			注册号	330045134770724
登记类型	股份制	核准日期	2015-06-22	业务号	3301-770724
受理通知书号	45318770724				
准予登记通知书号	318770724				
颁证情况	正本1个　副本1个				
缴纳登记费	0				

领执照人		发执照人	
签字		签字	创业市工商行政管理局
日期	2015.6.22	日期	2015-06-22
电话	1355771	备注	无

图 5-7　办领营业执照

七、刻制企业印章

在方向盘中进入“刻章店”，凭营业执照刻制企业章、财务章、法人章（见图 5-8）。

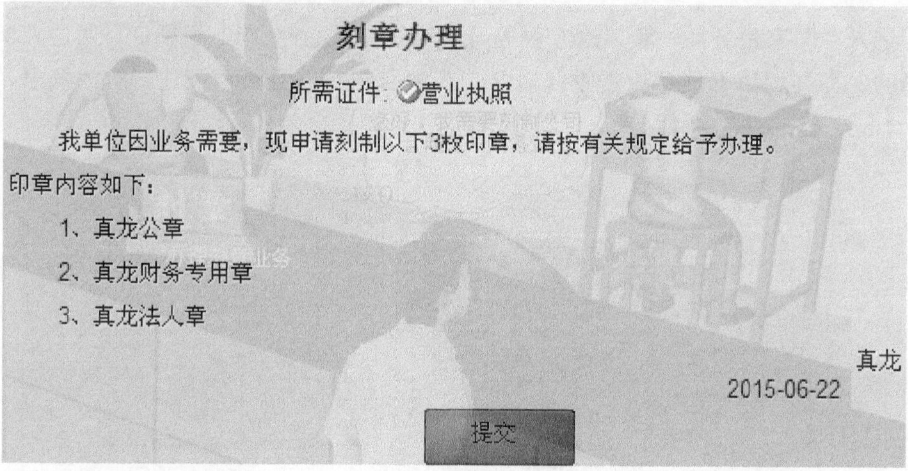

图 5-8　办理刻章

八、办理机构代码

在主场景或方向盘中进入“质量技术监督局”，办理企业组织机构代理证（见图 5-9）。

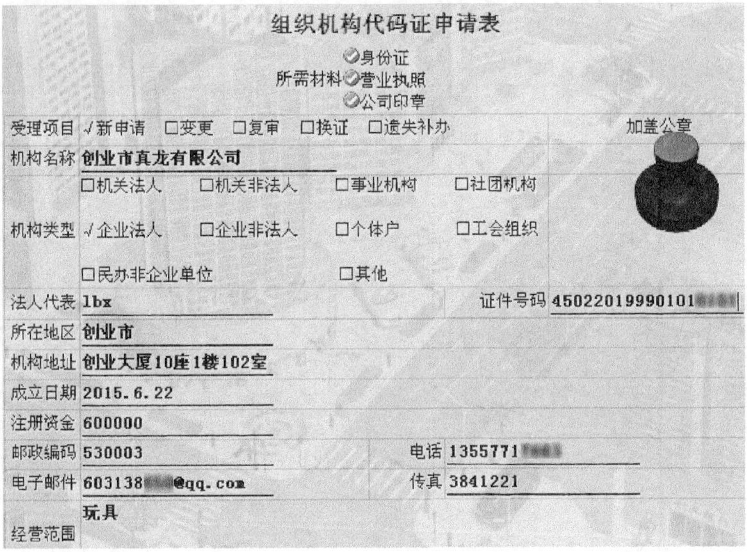

组织机构代码证申请表

所需材料 ☑身份证 ☑营业执照 ☑公司印章

受理项目	√新申请 □变更 □复审 □换证 □遗失补办		加盖公章
机构名称	创业市真龙有限公司		
机构类型	□机关法人 □机关非法人 □事业机构 □社团机构 √企业法人 □企业非法人 □个体户 □工会组织 □民办非企业单位 □其他		
法人代表	lbx	证件号码	45022019990101
所在地区	创业市		
机构地址	创业大厦10座1楼102室		
成立日期	2015.6.22		
注册资金	600000		
邮政编码	530003	电话	1355771
电子邮件	603138@qq.com	传真	3841221
经营范围	玩具		

图 5-9　办理机构代码

九、办理税务登记

进入“国家税务局”和“地方税务局”，办理“税务登记”和领证，两边业务是一样的，同样的数据信息无需重复输入。其中，银行账号是前面注资时的账号，如图 5-10 所示。

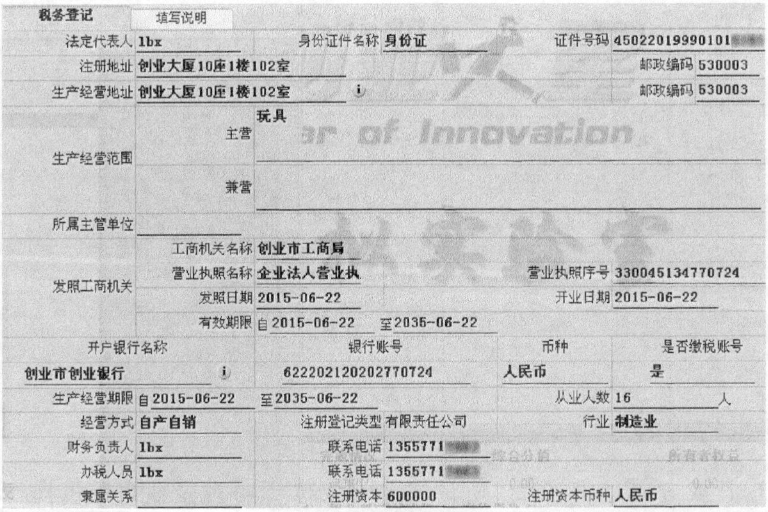

税务登记　填写说明

法定代表人	lbx	身份证件名称	身份证	证件号码	45022019990101
注册地址	创业大厦10座1楼102室			邮政编码	530003
生产经营地址	创业大厦10座1楼102室			邮政编码	530003
生产经营范围	主营	玩具			
	兼营				
所属主管单位					
发照工商机关	工商机关名称	创业市工商局			
	营业执照名称	企业法人营业执		营业执照序号	330045134770724
	发照日期	2015-06-22		开业日期	2015-06-22
	有效期限	自 2015-06-22 至 2035-06-22			
开户银行名称		银行账号		币种	是否缴税账号
创业市创业银行		6222021202027707 24		人民币	是
生产经营期限	自 2015-06-22 至 2035-06-22			从业人数	16 人
经营方式	自产自销	注册登记类型	有限责任公司	行业	制造业
财务负责人	lbx	联系电话	1355771		
办税人员	lbx	联系电话	1355771		
隶属关系		注册资本	600000	注册资本币种	人民币

图 5-10　办理税务登记

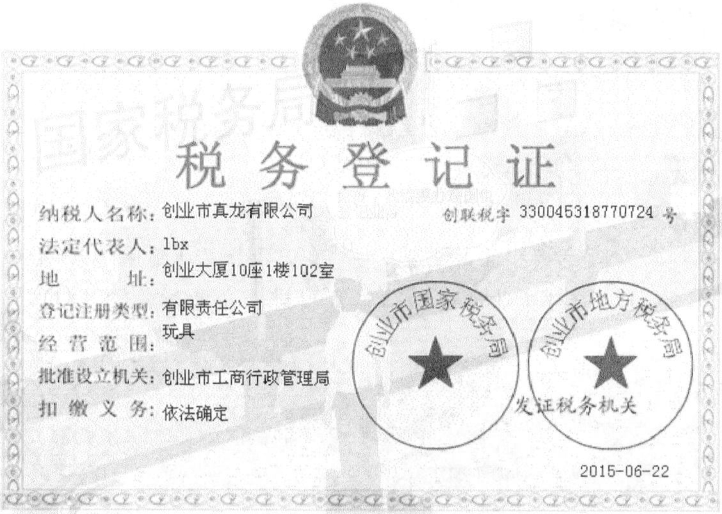
税 务 登 记 证

纳税人名称：创业市真龙有限公司　　创联税字 330045318770724 号

法定代表人：lbx

地　　址：创业大厦10座1楼102室

登记注册类型：有限责任公司

经营范围：玩具

批准设立机关：创业市工商行政管理局

扣缴义务：依法确定

创业市国家税务局　创业市地方税务局

发证税务机关

2015-06-22

图 5-10　办理税务登记（续）

十、开立银行账户

再进入“创业银行”。单击“对公账户”窗口，在弹出窗口中单击“开设银行账户”菜单，开立单位银行结算账户。这里关键是输入税务登记证号，如图 5-11 所示。

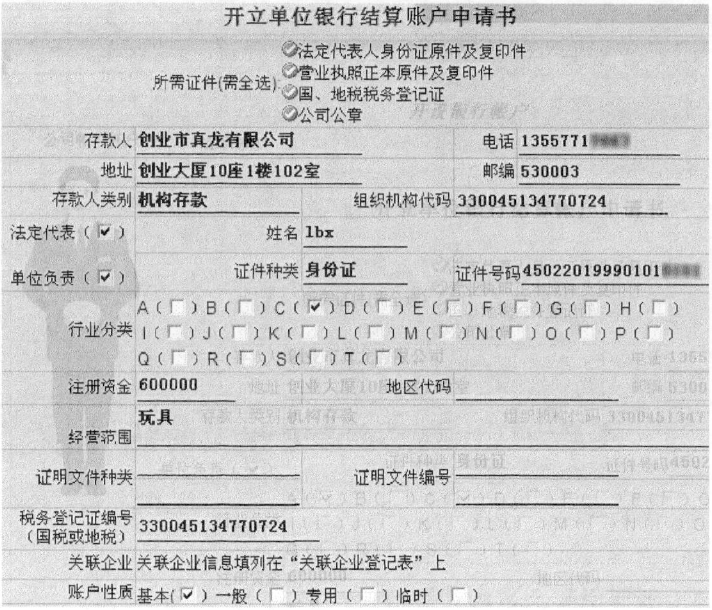
开立单位银行结算账户申请书

所需证件(需全选)：法定代表人身份证原件及复印件；营业执照正本原件及复印件；国、地税税务登记证；公司公章

存款人：创业市真龙有限公司　电话：1355771

地址：创业大厦10座1楼102室　邮编：530003

存款人类别：机构存款　组织机构代码：330045134770724

法定代表（✓）　姓名：lbx

单位负责（✓）　证件种类：身份证　证件号码：45022019990101

行业分类：A（ ）B（ ）C（✓）D（ ）E（ ）F（ ）G（ ）H（ ）I（ ）J（ ）K（ ）L（ ）M（ ）N（ ）O（ ）P（ ）Q（ ）R（ ）S（ ）T（ ）

注册资金：600000　地区代码：

经营范围：玩具

证明文件种类：　证明文件编号：

税务登记证编号（国税或地税）：330045134770724

关联企业：关联企业信息填列在“关联企业登记表”上

账户性质：基本（✓）一般（ ）专用（ ）临时（ ）

图 5-11　开立银行账户

十一、办理社会保险

进入“人力资源和社会保障局”，完成“用人单位社会保险登记表”和“企业社会保险开户”（见图 5-12）。注意：开始运营后，要为管理人员、生产工人和销售人员办理社会保险，否则将被罚款。

至此，已完成企业工商、银行、质监、税务登记、社保等所有流程工作，企业正式成立。教师端检查全部小组均完成之后可以单击“开始第 1 季度”进入企业运营管理阶段。（也可以跳过企业注册环节，直接进入企业运营管理阶段。）

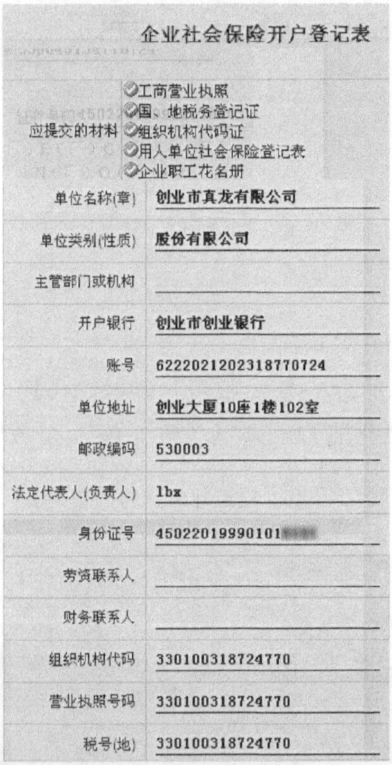

企业社会保险开户登记表

应提交的材料	工商营业执照 国、地税务登记证 组织机构代码证 用人单位社会保险登记表 企业职工花名册
单位名称(章)	创业市真龙有限公司
单位类别(性质)	股份有限公司
主管部门或机构	
开户银行	创业市创业银行
账号	6222021202318770724
单位地址	创业大厦10座1楼102室
邮政编码	530003
法定代表人(负责人)	lbx
身份证号	45022019990101[illegible]
劳资联系人	
财务联系人	
组织机构代码	330100318724770
营业执照号码	330100318724770
税号(地)	330100318724770

图 5-12 社保开户登记

实验项目 2　完成企业工商注册

实验课时：4 学时。

实验目的：掌握企业工商注册流程和应备材料。

实验要求：根据教材或系统提示完成。

实验内容：按教材或系统要求完成各项注册工作，包括个人信息注册。

第三部分

企业运营管理

第六章　系统参数配置

教师端提供了“创业之星”整个运营平台的参数配置与调整，单击“系统参数设置”，下面有十余个子菜单，分别可以对系统中不同类别的参数进行配置、修改。这些参数也是企业模拟对抗的基本规则，需要学生在实战演练前理解与熟记。由于规则较多，建议学生按各自角色重点牢记自己职责范围内的规则。

一、授课分组管理

（一）学员分组管理

开始上课之前的第一步工作就是对学生进行分组。可以单个增加小组，也可以批量增加小组（一般按此方法执行）。平时授课比较标准的分组是 4 人一组。

（二）市场规模设置

1. 系统原始展现的是一个小组的市场容量，教师可以对订单量、最高参考价、支付账期、消费群体类型、资质要求等参数进行修改（见表 6-1）。

表 6-1　　单个小组市场订单设置

市场	订单号	订单量	最高参考价	支付账期	消费群体类型	资质要求
北京 增加	1	456	0.0+90.00=90.00	0	实惠型客户	ISO9001 ICTI认证
	2	368	0.0+120.00=120.00	0	经济型客户	ISO9001 ICTI认证
	3	276	0.0+150.00=150.00	1	品质型客户	ISO9001 ICTI认证

2. 设置好单个小组的订单量之后，就可以按班组数进行市场订单批量初始化了（见表 6-2）。

表 6-2　　　　　　　　　　市场订单批量初始化

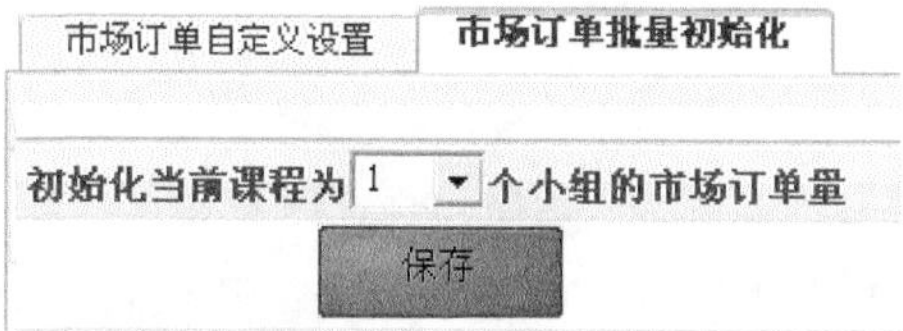

（三）决策权限设置

平时授课通过按总经理（兼财务总监）、生产总监（兼技术总监、采购总监）、市场总监（兼销售总监）和人力资源总监四个角色进行设置（见表 6-3）。

表 6-3　　　　　　　　　　角色权限分配

决策项目	决策权限	项目描述
产品设计	生产总监CPO	设计符合消费群体需求的产品。
产品研发	生产总监CPO	对已设计好的产品经营研发测试工作。
签订合同	人力资源总监CHO	与新招聘的员工签订“劳动合同”。
解除合同	人力资源总监CHO	与员工解除“劳动合同”。
员工培训	人力资源总监CHO	对员工进行在岗工作能力培训，以提升工作能力和效率。
生产招聘	人力资源总监CHO	招聘生产制造所需的工人。
销售招聘	人力资源总监CHO	招聘市场销售所需的销售人员。
原料采购	生产总监CPO	采购生产制造所需的原材料。
厂房购置	生产总监CPO	购买或租赁生产制造所需的厂房。
设备购置	生产总监CPO	购买生产制造所需的设备。
生产工人	生产总监CPO	由生产部门向人力资源部提交生产工人培训、辞退、调整等计划。
生产制造	生产总监CPO	生产制造产品。
订单交付	生产总监CPO	对已得到的订单实施交付完成。
资质认证	生产总监CPO	公司进行国际标准体系认证。
厂房列表	生产总监CPO	公司中的厂房和设备情况。
市场开发	市场总监CMO	对市场进行前期的开发，为进入该市场经营运作铺垫道路。
广告宣传	市场总监CMO	对公司已有的产品品牌做市场推广宣传。
原料出售	市场总监CMO	出售购买的原料。
订单转让	市场总监CMO	出售得到的订单。
原料转让信息	市场总监CMO	购买其他公司或小组发表的原料。
订单转让信息	市场总监CMO	购买其他公司或小组发表的订单。
银行贷款	总经理CEO	资金紧张时，可申请银行贷款。
销售人员	市场总监CMO	由销售部门向人力资源部提交销售人员培训、辞退、调整等计划。
产品报价	市场总监CMO	市场订单报价。
账款贴现	市场总监CMO	提早收回应收账款。

说明

总经理（兼职财务总监）从权限分配来看，工作量不大，但实际上他有一项非常重要而繁杂的工作——现金流量预算及其控制。

二、综合参数设置

（一）基本环境设置

基本环境是所有模板公共参数。单击“综合参数设置—基本环境设置”，可以对系统中的一些基本环境参数进行配置修改（见表 6-4）。根据选择的模板不同，系统中会默认有一套完整的数据资料。可以直接使用这套资料进行授课训练，也可以根据授课的需要进行调整。

表 6-4　　基本环境设置（玩具行业模块，合并为一个表）

系统参数设置		
是否作为自定义模板数据	是	“作为模板数据”允许下次再次上课时在其他课程当中引用当前本次课程的模型设置数据，否则不允许引用
任务跳转前是否备份数据库	否	教师端进入新的季度或进入配送任务之前是否自动进行数据库备份，备份位置位于 C 盘根目录，注意：开启该功能前请确保 C 盘有足够空余空间，该功能一般用于比赛，平时可不开启
课程运营季度数	8	正式经营之后课程进行的季度数
注册自动解锁	自动解锁	学生注册完成以后，是否需要教师端手动解锁
学生修改企业名称	可以	学生客户端是否允许修改自己团队的企业名称
客户端连接频率	20 000 毫秒/次	该参数决定学生客户端程序与服务器自动连接同步的频率。在实际登录的客户端程序较多的情况下，可以通过把该参数适当设大以获得更好的程序性能
登录超时	120 秒	客户端非法退出以后，再次登录所需等待的时间
经营范围	研究、开发、生产、批发及零售：电子玩具产品	
财务参数设置		
企业初始现金	600 000	起步资金（实收资本）
所得税率	25%	企业经营当季如果有利润，按该税率在下季初缴纳所得税
营业税率	5%	根据企业营业外收入总额，按该税率缴纳营业税（可设为 0%）

续表

财务参数设置		
增值税率	17%	按该税率计算企业在采购商品时所支付的增值税款，即进项税，以及企业销售商品所收取的增值税款，即销项税额
城建税率	7%	根据企业应缴纳的增值税、营业税，按该税率缴纳城市维护建设税
教育附加税率	3%	根据企业应缴纳的增值税、营业税，按该税率缴纳教育附加税
地方教育附加税率	2%	根据企业应缴纳的增值税、营业税，按该税率缴纳地方教育附加税
小组人员工资	10 000	小组管理团队所有人员的季度工资，不分人数多少
未签订合同罚款	2000	在入职后没有与员工签订劳动合同的情况下按该金额缴纳罚款
行政管理费	10 000/人	企业每季度运营的行政管理费用，按公司人数计算，包含管理人员、生产人员和销售人员
普通借款利率	5%	正常向银行申请借款的利率
普通借款还款周期（季度）	3	普通借款还款周期
紧急借款利率	20%	企业资金链断裂时，系统会自动给企业申请紧急借款时的利率
紧急借款还款周期（季度）	3	紧急借款还款周期
同期最大借款授信额度	200 000	同 1 个周期内，普通借款允许的最大借款金额上限
一账期应收账款贴现率	2%	在 1 个季度内到期的应收账款贴现率
二账期应收账款贴现率	4%	在 2 个季度内到期的应收账款贴现率
三账期应收账款贴现率	6%	在 3 个季度内到期的应收账款贴现率
四账期应收账款贴现率	8%	在 4 个季度内到期的应收账款贴现率
办公场地所需费用	10 000	企业租赁办公场地的费用，每季度初自动扣除当季的租金
企业注册费用	3 000	企业设立开办过程中所发生的所有相关的费用。该笔费用在第 1 季度初自动扣除

续表

财务参数设置		
养老保险比率	20%	根据工资总额按该比率缴纳养老保险费用
失业保险比率	2%	根据工资总额按该比率缴纳失业保险费用
工伤保险比率	0.5%	根据工资总额按该比率缴纳工伤保险费用
生育保险比率	0.6%	根据工资总额按该比率缴纳生育保险费用
医疗保险比率	2%	根据工资总额按该比率缴纳医疗保险费用
市场参数设置		
每季广告最低投入	1 000	每季度最低广告投入金额（要么不投，要投须在此数以上）
广告影响时间	3	投入广告后能够对订单分配进行影响的时间
市场订单未完成部分罚金率	30%	未按要求及时交付的订单，按该比率对未交付的部分缴纳处罚金
市场需求预测提前期	8	企业能看到最多当前经营时间后若干时间的市场需求走势
订单报价，最低价比例	60%	订单报价，最低限价比例。最低限价=上季度同一市场同一渠道同一消费群体所有产品报价平均数×该比例
上期未满足需求延续到本期上限比例	40%	上期未得到满足的部分订单需求可以在期末自动延续到本期需求中，最大延续数量=本期需求数量×上限比例。上限比例=0，表示不延续；上限比例=100，表示最多延续的需求量不超过本期原有需求量。比例越大表示延续到本期的需求越多，但最多不超过上期所有未满足需求量
评价参数设置		
盈利表现	30 分	综合评价分数中，盈利表现所占的权重分（具体见系统帮助—评分说明）
财务表现	30 分	综合评价分数中，财务表现所占的权重分（具体见系统帮助—评分说明）
市场表现	20 分	综合评价分数中，市场表现所占的权重分（具体见系统帮助—评分说明）
投资表现	10 分	综合评价分数中，投资表现所占的权重分（具体见系统帮助—评分说明）
成长表现	10 分	综合评价分数中，成长表现所占的权重分（具体见系统帮助—评分说明）

续表

评价参数设置		
综合评价下限	0	综合评价分数中，各项表现实际分数的最小值，即该表现的权重分乘以此倍数
综合评价上限	2 倍	综合评价分数中，各项表现实际分数的最大值，即该表现的权重分乘以此倍数
紧急借款扣除分数	5 分	每出现一次紧急借款，综合表现所扣除的分数
研发参数设置		
公司产品上限	6	每个公司最多能设计研发的产品类别（品牌）数量
产品研发每期投入	20 000	产品研发每季度需投入的费用
产品设计费用	30 000	产品设计一次所需投入的费用
制造参数设置		
厂房折旧率	2%	每季度按该折旧率对购买的厂房原值计提折旧
设备折旧率	5%	每季度按该折旧率对购买的设备原值计提折旧
每个产品改造加工费	2 元	订单交易情况下，买方产品与卖方产品功能差异之处的改造费加工费。 单个产品改造费 = 买方产品比卖方产品少的原料配制无折扣价之和 + 差异个数 × 产品改造加工费
原料紧急采购额外支付的比例	50%	原料紧急采购额外支付的比例。紧急采购单价 = 原料无折扣单价 ×（1 + 该比例）
组间交易设置		
是否允许订单交易	否	是否允许各组之间在交易市场交易订单（选中代表允许）
是否允许原料交易	否	是否允许各组之间在交易市场交易原料（选中代表允许）
每期组间交易限制金额	10 000	每期组间交易限制金额，每季度买入和卖出之间的组间交易金额不能大于此数值
组间交易信息公示时间（分钟）	5	组间交易信息公示时间（分钟），在此时间内，发布交易信息者不能结束交易

【补充说明】

厂房购买当季不折旧，设备安装当季不折旧。

（二）财务指标设置

略。

（三）数据字典设置

略。

三、市场营销参数设置

（一）市场渠道设置（见表 6–5）

表 6-5 市场渠道设置

市场名称	渠道名称	每期开发成本	开发周期
北京	零售渠道	20 000.00	0
上海	零售渠道	20 000.00	1
广州	零售渠道	20 000.00	2
武汉	零售渠道	20 000.00	2
成都	零售渠道	20 000.00	3

（二）消费群体设置（见表 6–6）

表 6-6 消费群体设置

消费群体设置						
群体名称	最高参考价格	报价权重	品牌权重	配置权重	能力权重	市场权重
品质型客户	150.00	15.00	25.00	40.00	10.00	10.00
经济型客户	120.00	30.00	15.00	25.00	20.00	10.00
实惠型客户	90.00	50.00	10.00	20.00	10.00	10.00

（三）销售人员设置（见表 6–7）

表 6-7 销售人员设置

销售人员类型参数设置							
销售人员类型	销售能力	招聘费用	工资	试用时间	培训费用	培训提升能力	辞退费用
业务员	500 个产品/季度	500.0 元/人	3600.0元/季度	1季度	500.0 元/次	5.0 %	300.0 元/人

四、生产制造参数设置

（一）生产工人设置（见表 6–8）

表 6-8　　生产人员设置

工人类型参数设置							
工人类型	生产能力	招聘费用	工人工资	试用时间	培训费用	培训提升能力	辞退费用
生产工人	450 个产品/季度	500.0 元/人	3000.0元/季度	1季度	300.0 元/次	3.0 %	300.0 元/人

（二）厂房参数设置（见表 6–9）

表 6-9　　厂房参数设置

厂房参数设置			
厂房名称	购买价格(元)	租用价格(元)	厂房容量(条)
大型厂房	100000.0	7000.0	6条设备
中型厂房	80000.0	5000.0	4条设备
小型厂房	60000.0	3000.0	2条设备

（三）设备参数设置（见表 6–10、表 6–11）

表 6-10　　设备参数设置一

设备名称	价格	成品率	最大产能	安装期	搬迁期	搬迁费用
柔性线	120000.0	90.0%	2000	1	1	3000.0
自动线	80000.0	80.0%	1500	1	0	2000.0
手工线	40000.0	70.0%	1000	0	0	1000.0

表 6-11　　设备参数设置二

设备名称	下线周期	升级费用	升级时间	升级成品率	维修费用	加工费	工人上限
柔性线	0	1000.0	1	1.0%	3000.0	2.0	4 人
自动线	0	1000.0	1	2.0%	2500.0	3.0	3 人
手工线	0	1000.0	1	3.0%	2000.0	4.0	2 人

（四）资质认证设置（见表 6–12）

表 6-12　　资质认证设置

资质名称	认证周期 周	每期认证成本(元)
ISO9001	2	30000.00
ICTI认证	3	30000.00

（五）明细材料设置（见表 6-13、表 6-14）

表 6-13　　明细材料设置一

单位：元

大类	必选	名称	1期单价	2期单价	3期单价	4期单价	5期单价	6期单价	7期单价	8期单价
包装材料	◉是 ○否 ○可不选	玻璃包装纸	2.00	1.80	2.00	2.10	2.10	2.10	2.00	1.80
		纸质包装盒	4.00	4.20	4.50	4.30	4.00	3.70	3.60	3.50
		金属包装盒	6.00	6.20	6.50	5.60	6.90	7.10	7.20	7.20
面料	◉是 ○否 ○可不选	短平绒	10.00	11.00	11.00	12.00	13.00	12.00	12.00	12.00
		松针绒	15.00	17.00	16.00	18.00	17.00	19.00	18.00	18.00
		玫瑰绒	20.00	21.00	22.00	21.00	20.00	18.00	16.00	15.00
填充物	◉是 ○否 ○可不选	PP棉	15.00	16.00	16.00	16.00	15.00	17.00	17.00	16.00
		珍珠棉	21.00	23.00	24.00	26.00	26.00	25.00	27.00	28.00
		棉花	25.00	26.00	28.00	29.00	30.00	30.00	31.00	32.00
辅件	○是 ◉否 ○可不选	发声装置	3.00	3.10	3.00	3.40	3.20	3.00	2.90	3.30
		发光装置	4.80	4.80	5.00	5.10	5.30	5.20	5.20	5.40

表 6-14　　明细材料设置二

大类	到货周期	应付账期	研发系数	价格预测	原料说明
包装材料	0	0	0.10	4	简单，实用，容易起皱，易破损
	0	1	0.20	4	经济，美观，略显档次
	1	1	0.30	4	高档，时尚，富有质感，做工细腻
面料	0	1	0.10	4	手感柔软且弹性好、光泽柔和，表面不易起皱，保暖性好
	0	0	0.20	4	经济适用、高雅富贵、立体感强
	0	1	0.30	4	手感舒适、美观高贵、便于洗涤，还具有很好的保暖性
填充物	0	0	0.10	4	人造材料，使用最广泛，经济实用
	0	1	0.20	4	相比PP棉更有弹性、柔软性和均匀性，并且方便洗涤
	1	1	0.30	4	纯天然材质柔软，富有弹性、均匀性，无静电，但不可水洗
辅件	1	1	0.10	4	附加功能，使玩具可以模拟真人发声
	1	1	0.20	4	附加功能，可使玩具具有闪光功能

（六）材料折扣设置（见表 6-15）

表 6-15　　材料折扣范围

折扣率	采购批量范围
0	$0 \leqslant X \leqslant 200$
5%	$201 \leqslant X \leqslant 500$
10%	$501 \leqslant X \leqslant 1000$
15%	$1001 \leqslant X \leqslant 1500$
20%	$1501 \leqslant X \leqslant 2000$
25%	$2001 \leqslant X \leqslant \infty$

第七章 实验步骤

一、决策阶段

季度开始后，各部门（角色）独立完成所有决策后，最后由总经理单击“完成所有任务”（在此之前一些工作可反复修改，但也有一些工作一旦保存便无法更改，需特别注意），这时，教师端可显示该小组的“完成”情况。只有所有小组都提交完成之后，教师端才能单击“产品配送”对各公司进行订单分配，并等待企业按单交货。

表 7-1　　各部门需要决策的业务

部门	学生需完成决策	完成情况	决策说明
财务部	现金预算	⊘	可在系统外完成
	银行贷款	⊘	普通借款
研发部	产品设计	⊘	设计符合消费群体需求的产品
	产品研发	⊘	对已设计好的产品经营研发测试工作
制造部	原料采购	⊘	采购生产制造所需的原材料
	厂房购置	⊘	购买或租赁生产制造所需的厂房
	设备购置	⊘	购买生产制造所需的设备
	资质认证	⊘	企业进行国际标准体系认证

续表

部门	学生需完成决策	完成情况	决策说明
制造部	生产工人	⊘	由生产部门向人力资源部提交生产工人培训、辞退、调整等计划
	生产制造	⊘	生产制造产品
	订单交付	⊘	对已得到的订单实施交货（非决策部分）
市场部	市场开发	⊘	对市场进行前期的开发，为进入该市场经营运作铺垫道路
	广告宣传	⊘	对企业已有的产品品牌做市场推广宣传
销售部	销售人员	⊘	由销售部门向人力资源部提交销售人员培训、辞退、调整等计划
	产品报价	⊘	市场订单报价
人力资源部	生产招聘	⊘	招聘生产制造所需的工人
	销售招聘	⊘	招聘市场销售所需的销售人员
	签订合同	⊘	与新招聘的员工签订“劳动合同”
	解除合同	⊘	与员工解除“劳动合同”
	员工培训	⊘	对员工进行在岗工作能力培训，以提升工作能力和效率

二、交货阶段

教师端单击“产品配送”按钮后，各小组即可看到自己所获得的订单，按单交付后，总经理再单击“完成”，这时，该季度工作即全部完成。

三、结算阶段

各公司全部按单交货，并单击完成之后，教师端才会亮起“进入下一季度”按钮，教师端面单击“进入下一季度”之后就可以看到本季度的经营结果了。同时，会完成各项季度结算（指非当即支付部分的款项）。以下是进入下一季度时系统所做的主要操作，结算分两步：一步是计算本季度末的数据，另一步是计算下季度初的数据。

（一）结算本季度末的相关数据

系统主要做以下操作（按先后顺序排列）。

1. 支付产品制造费用。
2. 支付管理人员工资和五险。
3. 更新设备搬迁。
4. 更新设备升级。
5. 更新厂房出售、设备出售。
6. 更新生产工人培训。
7. 扣除生产工人未签订合同罚金。
8. 扣除销售人员未签订合同罚金。
9. 扣除基本行政管理费用。
10. 辞退生产工人。
11. 辞退销售人员。
12. 出售生产设备。
13. 出售厂房或厂房退租。
14. 检查并扣除管理人员未签订合同罚金。
15. 检查并扣除未交货订单违约金。
16. 银行还贷。
17. 紧急贷款。

（二）结算下季度初的相关数据

系统主要做以下操作（按先后顺序排列）。

1. 检查上季度未分配和未完成交付的订单数量，并转移到当前季度。
2. 公司注册费用（一季度扣除）。
3. 计算公司应收账款，并收取。
4. 计算公司应付账款，并支付。
5. 计算上季度营业税，并支付。
6. 扣除上季度增值税、城建税、所得税、教育附加税、地方教育附加税。
7. 扣除办公室租金。
8. 更新原料到货状态。
9. 更新预付账款状态。
10. 更新原料到货状态。
11. 紧急贷款。

第八章 操作指南

一、财务管理决策

（一）现金预算

在公司场景中单击“财务部”，在弹出窗口中选择“决策内容—财务预算”，根据本季度的整体规划及各部门的经营计划，制订公司本季度的财务现金预算表。

说明

新版本系统已经把现金预算移出系统，由学生另外完成。

（二）银行借款

进入主场景，单击“创业银行”，进入创业银行后，单击“信贷业务”窗口，在弹出的窗口中完成贷款决策任务。当季的借款金额不能超过本期授信额度，累计借款金额不能超过总的授信额度，如图 8-1 所示。

说明

1. 办理借款不是去财务部办理，而是去银行。

2. 授信额度受公司净资产（即所有者权益）和已有借款 2 个因素的影响。

（三）账款贴现

“财务部”—决策内容—账款贴现，如果有应收账款，同时急需现金，可向银行办理贴现业务（见图 8-2）。

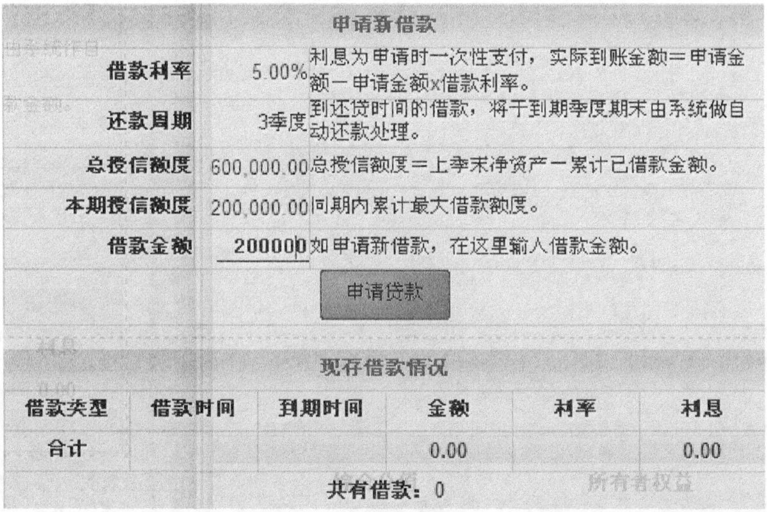

图 8-1　申请新借款窗口

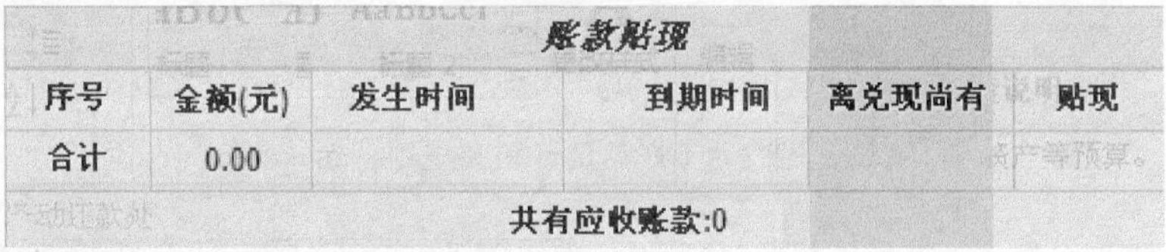

图 8-2　账款贴现窗口

二、产品研发决策

（一）新产品设计

公司场景下“研发部”—“产品设计”，开始进行产品设计，包括新产品名称、目标消费群体和新产品研发 BOM 配置表的决策。在完成 BOM 配置的同时，窗口内会显示预计原料成本和预计研发时间两项重要数据。预计研发时间是由研发系数决定的，不同的原料配置，其研发系数是不一样的，当 BOM 配置的研发系数达到 0.5 以上时，研发时间为 1 个季度。产品设计相关规则说明如图 8-3 所示。

（二）新产品研发

公司场景下“研发部”—“产品研发”，开始进行产品研发。该项工作主要是针对产品设计中需要研发的产品进行研发投入。产品研发相关规则说明如图 8-4 所示。

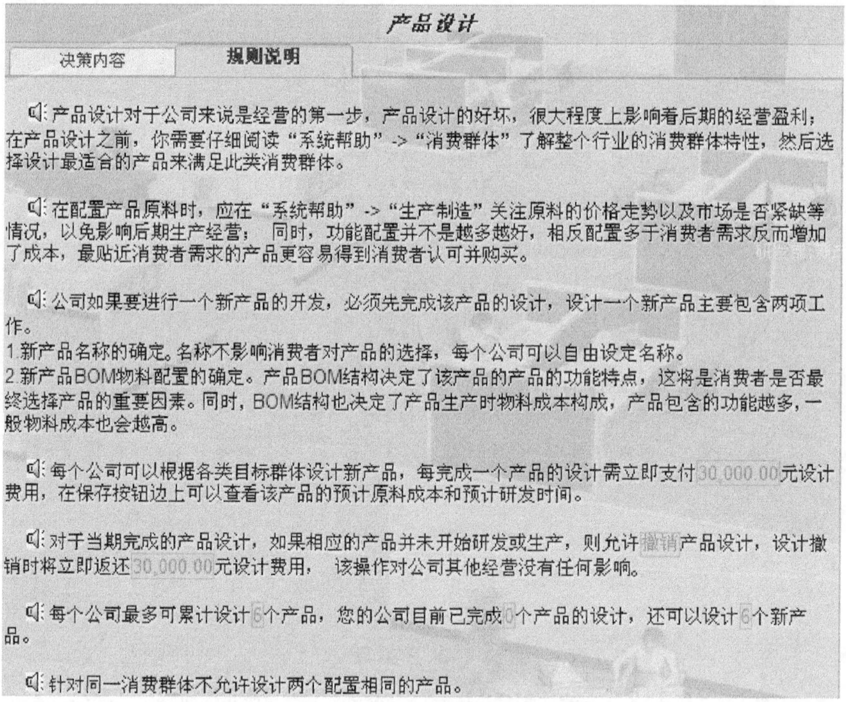

图 8-3　产品设计相关规则

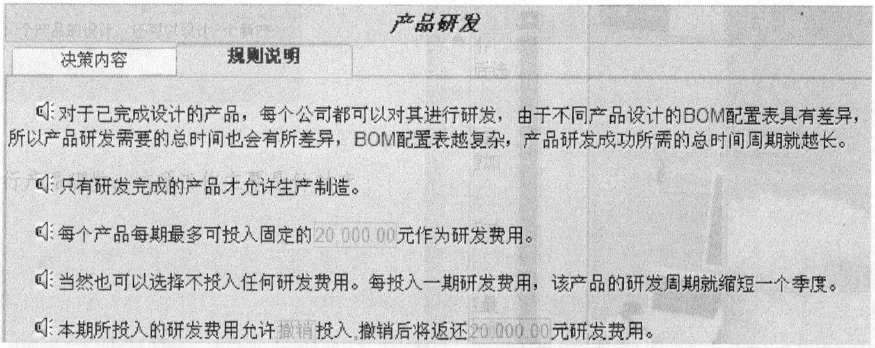

图 8-4　产品研发相关规则

三、生产制造决策

（一）厂房购置

在公司场景中单击“制造部”，在弹出窗口中选择“决策内容—厂房购置”，根据公司生产规模的需要和现金状况，确定购买或租用相应的厂房。相关规则说明如图 8-5 所示。

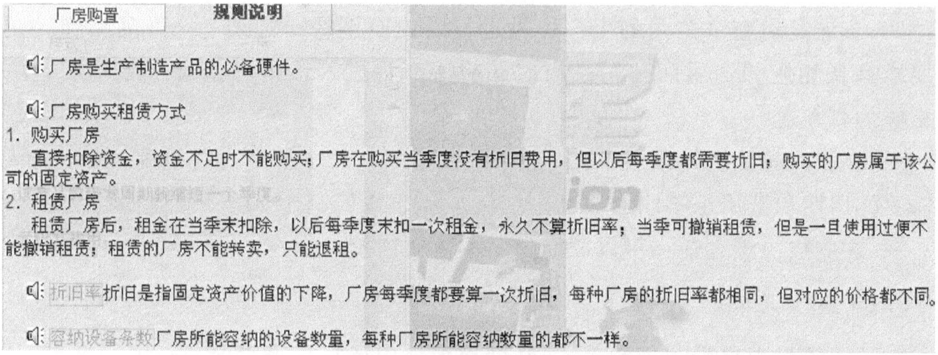

图 8-5 厂房购置相关规则

（二）设备购置

在公司场景中单击“制造部”，在弹出窗口中选择“决策内容—设备购置”，根据公司生产规模的需要和现金状况，确定所需要的生产设备。相关规则说明如图 8-6 所示。

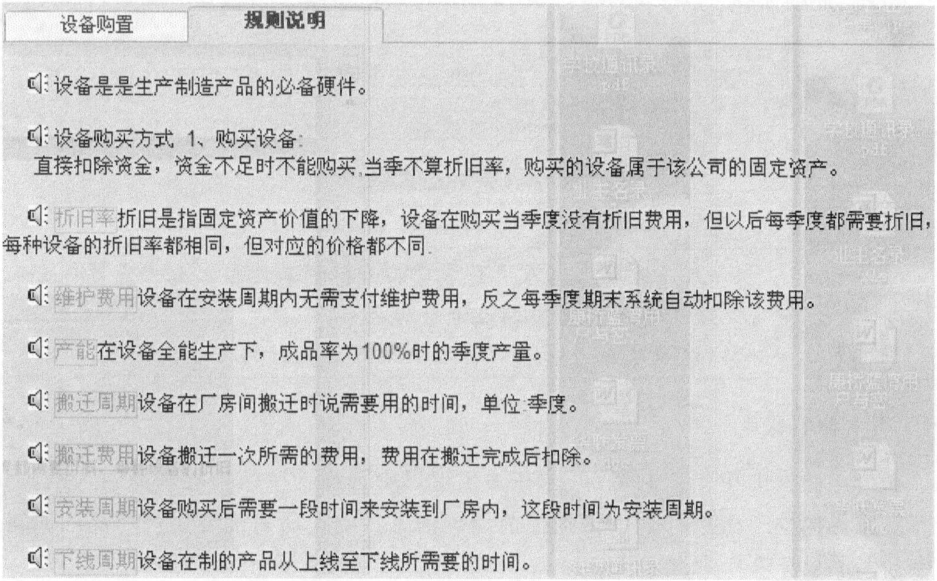

图 8-6 设备购置相关规则

（三）资质认证

在公司场景中单击“制造部”，在弹出窗口中选择“决策内容—资质认证”，对需要的认证体系进行投资。

——认证是对整个公司的生产资质进行的，而不是针对某一个产品品牌。在市场要求具备相应的资质而公司没有时，将不允许进入该市场销售产品（或无法获得相应的订单）。

——在相应的认证体系后单击“投入”按钮即完成本季度的费用投入。不同认证所需要的周期和费用是不同的。

——在完成决策之前，可以“撤销”本次认证投入。

（四）生产工人

在公司场景中单击“制造部”，在弹出窗口中选择“决策内容—生产工人”，对制造部门现有的所有工人进行管理。相关规则说明如图 8-7 所示。

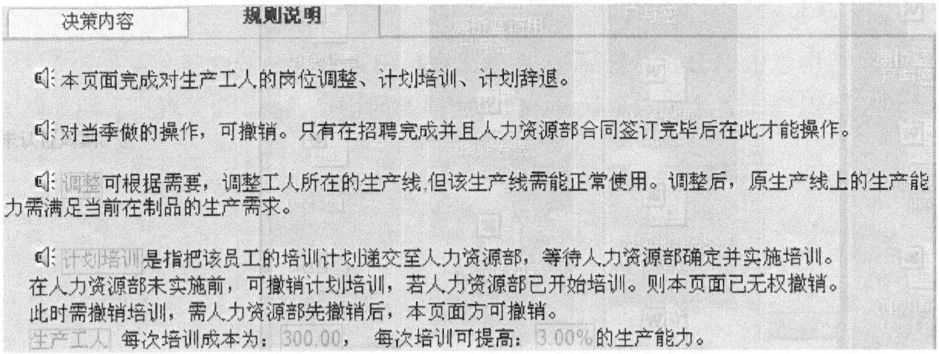

图 8-7 生产工人相关规则

说明

1. 只能对现有工人进行管理，而招聘工作则是人力资源部去人才市场完成（招聘计划由制造部提出）。
2. 这项决策是在人力资源决策之后进行的。

（五）原料采购

在公司场景中单击“制造部”，在弹出窗口中选择“决策内容—原料采购”，根据产品原料构成、生产计划、采购提前期等信息，确定所有需要生产产品的原料采购，如图 8-8 所示。

（六）开始生产和设备销售

在公司场景中单击“生产车间”，在弹出窗口中可以看到所有的厂房情况和生产设备情况（见图 8-9）。注意，是去生产车间生产，而不是在制造部！

——“厂房”栏显示公司目前所有的厂房情况，同时标志该厂房是购买的还是租用的，单击“出售”或“退租”，可以出售或退租（但必须是在没有生产线的情况下）。

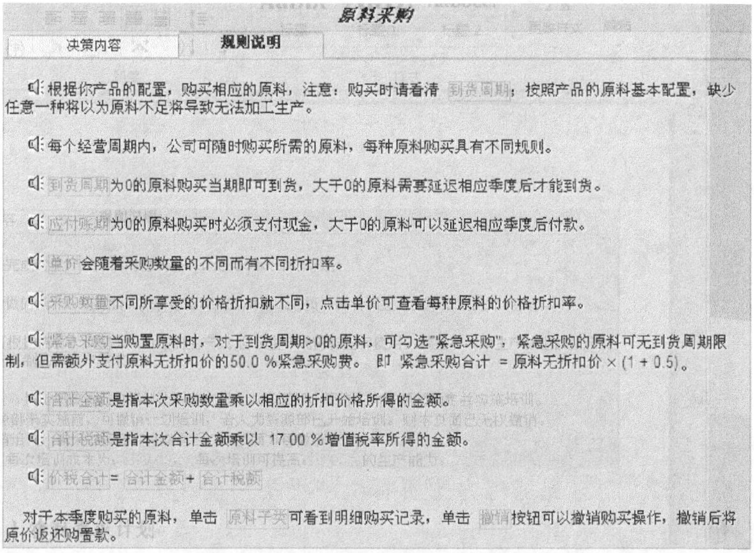

图 8-8　原料采购相关规则

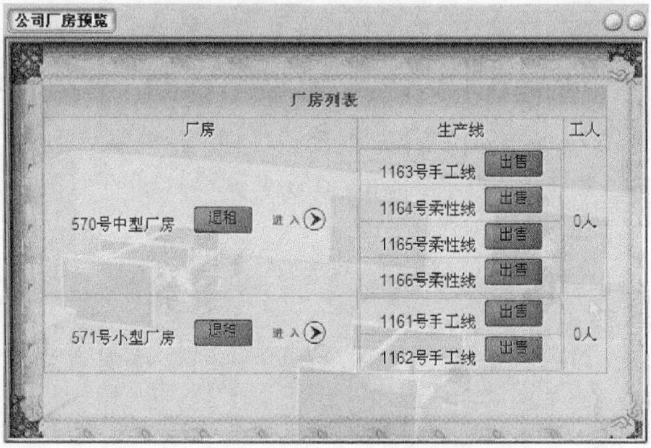

图 8-9　公司厂房预览窗口

——“生产线”栏显示厂房内有几条生产线，单击“出售”可以卖掉设备（见图 8-10）。如果设备上还有产品在产，则设备不能马上卖掉，只是制订出售计划，到季度结束产品下线后才能出售。

说明

还没有开始生产的设备一卖即得钱；已经开始生产的设备可以预售，但要等到期末才能完成出售（在进入下个季度之前可以撤销），并到款，即这个钱不能用于支付决策期间的当即付款，但可以用于支付期末费用，这与到下一季度未生产之前出售还是有区别的。生产线出售后，工人将自动处于闲置状态，等待制造部重新安排工作。

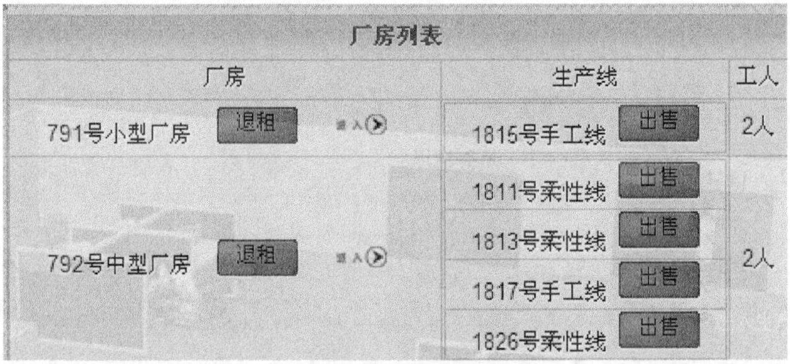

图 8-10　厂房列表界面

——在每一个厂房名称的右边有一个在闪动的“进入”标志，单击该标志可以进入到该厂房内部，能看到厂房内的所有生产设备情况，并对所有生产设备编排本季度的主生产计划（见图 8-11）。

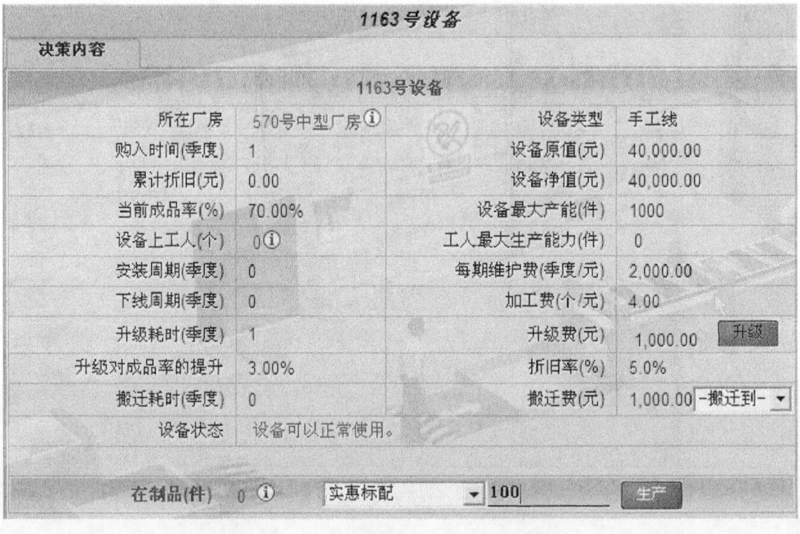

图 8-11　生产设备情况界面

——如果要对某一条生产线进行计划编排，则单击这条生产线，在弹出窗口中完成对该生产线的生产计划编排。单击“选择产品”下拉框，选择需要生产的产品，再输入本季度需要生产的产品数量，单击“生产”可以开始产品的生产。

——成功生产后，“在制品”旁会显示计划生产的产品数量。实际获得的成品将是这个生产数量乘以成品率。在决策结束之前，可以“撤销”相关的生产计划。

——通过“设备升级”可以提高成品率。另外，要注意生产工人生产能力与设备能力的匹配。

说明

由于还没有招聘工人，实际上这个时候还没有办法开工，需人力资源部去人才市场（见图 8-12）招聘生产工人之后再回来生产，记得回来生产哦！

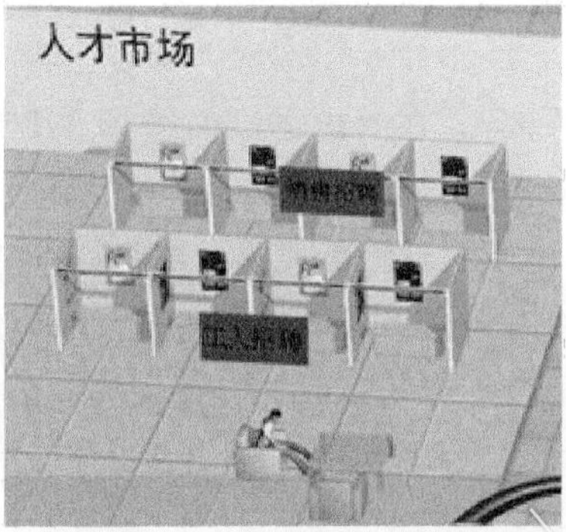

图 8-12　人才市场界面

四、人力资源决策

（一）人员招聘

总经理（人力资源总监）在主场景中单击“交易市场”—“人才市场”，完成人员招聘计划。需要招聘的公司员工包括销售人员和生产工人两类（见图 8-13）。

请选择招聘的工人类型　生产工人

工人安排到生产线　--请选择工人工作的生产线--

招聘

公司生产工人情况

厂房	设备	工人	招入时间	员工状态	操作
570号中型厂房	1163号手工线	2411号生产工人	1	未签合同	撤销招聘
		2412号生产工人	1	未签合同	撤销招聘
	1164号柔性线				
	1165号柔性线				
	1166号柔性线				
571号小型厂房	1161号手工线	2413号生产工人	1	未签合同	撤销招聘
		2414号生产工人	1	未签合同	撤销招聘
	1162号手工线	2415号生产工人	1	未签合同	撤销招聘
		2416号生产工人	1	未签合同	撤销招聘

图 8-13　生产工人招聘与管理窗口

——进入“人才市场—招聘生产工人”，选择招聘生产工人的类型（高级、中级、普遍），并指定安排到哪一条生产线上，单击“招聘”即可完成招聘与安排工作。

——进入“人才市场—招聘销售人员”，选择招聘销售人员的类型（高级、中级、初级），并指定派往工作的市场区域，单击“招聘”即可完成招聘与安排工作。

（二）签订合同

回到“人力资源部”，在弹出窗口中选择“决策内容—签订合同”，与公司管理层人员和招聘的员工签订劳动合同。

——所有员工（包括管理团队成员）都要签订劳动合同，办理养老保险，否则将会被罚款。单击相关人员名字右边的“签订”，即会出现合同提示，在甲方盖章处单击印章，当出现公司合同专用章时，该合同正式生效。

（三）解除合同

首先由相关部门（生产部、销售部）提出解聘申请，再在人力资源部完成劳动合同解除事项。

——在公司场景中单击“人力资源部”，在弹出窗口中选择“决策内容—解除合同”，如果相关部门有申请，列表会显示提交辞退的人员清单，人力资源部予以确认。辞退的人员本季度继续工作，下一季度正式离职。

（四）人员培训

首先由相关部门（生产部、销售部）提出培训计划（只有签订合同之后才能进行培训），再由人力资源部具体完成培训工作。

——在公司场景中单击“人力资源部”，在弹出窗口中选择“决策内容—人员培训”，如果相关部门有申请，列表会显示提交培训的人员清单，人力资源部予以确认。单击名字右边的“培训”，对员工开展技能培训。

以上操作在提交决策之前，均可撤销相关计划。

五、市场营销决策

（一）市场开发

在公司场景中单击“市场部”，在弹出窗口中选择“决策内容—市场开发”，开发目标市场。

说明

1. 选择需要开发的市场，在“操作”栏单击“开发”，完成本季度开发投入。同时在决策结束之前可以“撤销”。

说明

2. 如果某个市场开发需要多个周期，在后面的经营中还需要继续投入“开发”，直到完成开发才可以在该市场上进行产品销售（见图 8-14）。

图 8-14　市场开发窗口

（二）广告宣传

在弹出窗口中选择“决策内容—广告宣传”，确定当季度公司计划投入的广告费用（见图 8-15）。

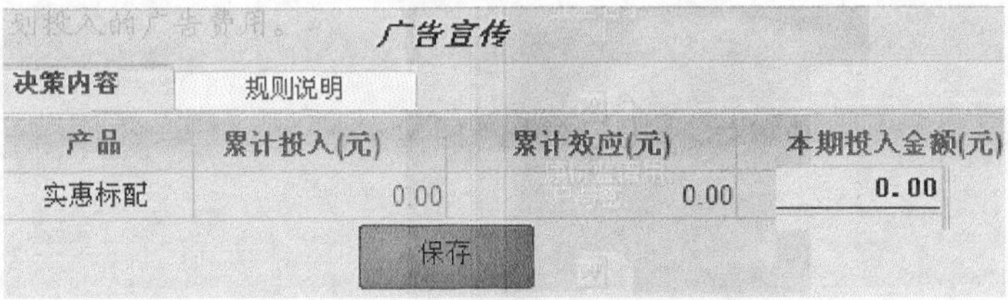

图 8-15　广告投放窗口

说明

1. 广告宣传是以产品品牌为单位投放的（对所有市场均有影响），公司可以针对每一产品的竞争程度和期望值来设定相应的投放金额。在“本期投入金额”栏输入本季度需要投放的广告金额，单击“保存”。注意：“保存”后不允许撤销。

2. “累计投入”显示的是公司在该品牌上的广告投放金额，“累计效应”显示的是广告投放至今仍对消费者产生的影响力。

3. 运营规则（参数）往往会要求最低广告投入额，即要么你不投，要投就不能低于这个数。

六、产品销售决策

（一）销售人员管理

在公司场景中单击“销售部”，在弹出窗口中选择“决策内容—销售人员”，对销售部门的所有销售人员进行工作管理：管辖区域调整、计划和辞退等，其中，培训和辞退是由销售部提出申请，然后由人力资源部具体执行，如图 8-16 所示。

决策内容　规则说明

市场	渠道	销售人员	销售能力	调整	计划培训 ☑	计划辞退 ☐
北京	零售渠道	第1751号业务员 ⓘ	500	--调整到--	☑	☐
上海	零售渠道					
广州	零售渠道					
武汉	零售渠道					
成都	零售渠道					
合计		1	500		计划培训	计划辞退

图 8-16　销售人员管理窗口

（二）产品报价

在公司场景中单击“销售部”，在弹出窗口中选择“决策内容—产品报价”，填写各产品的市场报价以及期望的最大订货数量（上限数），如图 8-17 所示。

产品报价

决策内容　规则说明

市场	渠道	销售能力	订单	群体	资质	购买量	回款	上期平均价	最低价	最高价	产品	报价	上限数
北京	零售渠道	500	1-56127号	实惠型客户ⓘ	无要求	456	0	0.00	0.00	90.00	实惠标配ⓘ	90.00	100
											实惠高配ⓘ	0.00	500
			2-56128号	经济型客户ⓘ	无要求	368	0	0.00	0.00	120.00	经济低配ⓘ	0.00	500
			3-56129号	品质型客户ⓘ	无要求	276	1	0.00	0.00	150.00	品质低配ⓘ	0.00	500

保存

图 8-17　产品报价窗口

说明

1. 只有完成开发投入的市场和完成研发的产品才能进入报价。

2. “报价”栏的金额指的是产品销售单价，不能超过产品在该市场的最高限价，而且这个报价是不含增值税的。

3. “上限数”栏的数字表示在市场上该产品最多期望拿到的订货量，以防止拿到过多订货量而无法交货，其是一项极其敏感的数字。

4. 特别需要指出的是，销售人员的 500 个能力是针对每个品牌产品的，即在同一市场每个产品都拥有最高达 500 个的销售能力。

【关于销售订单的补充说明】

至此，各项决策工作基本完成，接下来最扣人心弦的是企业能够拿到多少订单，企业既希望多拿订单，但又不能多拿订单，最理想的状态是以较好的价格拿到与产品产出相符合的销售订单。

1. 拿不够订单的后果：企业的利润受到影响，甚至亏损、破产；现金流受到影响导致紧急借款乃至破产。

2. 拿太多订单的后果：企业无法交单，要受到违约罚款；企业形象受到影响，企业评价分数会降低。

3. 影响企业获得销售订单的因素主要有：产品定价、产品功能、广告品牌、市场口碑和销售能力（见表 8-1）。

表 8-1　　影响销售订单获得能力的 5 个因素

产品价格	产品价格是指公司销售产品时所报价格，与竞争对手相比，价格越低越能获得消费者的认可
产品功能	产品功能主要指每个公司设计新产品时选定的功能配置表（BOM 表），与竞争对手相比，产品的功能越符合消费者的功能诉求就越能得到消费者的认可
产品品牌	产品品牌由公司市场部门在产品上所投入的累计宣传广告多少决定，与竞争对手相比，累计投入广告越多，产品品牌知名度就越高，越能获得消费者认可
产品口碑	产品口碑是指该产品的历史销售情况，与竞争对手相比，产品累计销售的数量、产品订单交付完成率越高消费者对产品的认可就越高
产品销售	产品销售是指公司当前销售产品所具备的总销售能力，与竞争对手相比，总销售能力越高，获得消费者认可也越高

以上 5 方面对于不同类型的消费群体，其关注的侧重度是不同的，一般侧重度越大的说明消费者越关注，对消费者是否购买该产品的影响也越大。

4. 案例：消费者选择产品将以每个参与公司的 5 项评价为依据，5 项评分高的公司获得的市场需求就多，分值低的公司获得的需求就少。以下是一个具体示例以供参考理解。

——某市场某季度，总共 1 000 订单需求。

——A、B、C 三家公司参与竞争，A 公司设 100 上限，B 公司设 300 上限，C 公司没有设置上限。

——在第一轮分配中，根据 5 项分值（占总分的比重），A 公司应该可以拿到 150，B 公司应该可以拿到 450，C 公司应该可以拿到 400，合计正好是全部需求 1 000。

——但由于 A 公司设置了 100 的上限，所以最终实际拿到 100；B 公司设置了 300 的上限，所以最终实际拿到 300；C 公司没有设置上限，所以实际拿到 400，合计 800 的需求在第一轮分配中已经被消耗，对于 A、B 两家设置了上限的公司，分别有 150-100=50，450-300=150 的需求没有在第一轮竞争中得到满足，所以 50+150=200 的未满足需求将继续参与二次选择。

——二次分配中，A、B 公司由于已经达到上限，将不再参与竞争，只剩下 C 公司竞争，还是根据 5 个竞争因素，C 公司应该可以拿到 200，C 公司没有设置上限，实际拿到 200 累计达到 600，这样 A、B、C 最终实际的量就是 100、300、600，总共 1 000 的需求全部得到满足，没有多余需求将累计到下季度，如果前面 C 公司也设置了上限，那就可能出现最终部分需求无法得到满足，这部分需求将累计到下季度。

——另外，如果 A、B、C 公司中本期有违约未能交付的需求，也将一并累计到下季度。

七、产品配送决策

这是属于第二阶段的业务。

在决策提交之后，即教师端单击“产品配送”按钮后，可以看到中标的销售订单情况。在公司存货充足的情况下，可以到“制造部”，在弹出窗口中选择“决策内容—订单交货”，完成订单交货。

说明

1. 窗口会列出所有市场上的中标订单情况，在窗口下面还会同时显示目前的所有库存产品情况。

2. 在“交付数量”栏输入每一类产品需要交付的数量，单击“发货”完成订单的交付。未能近期交货的产品将按规则被处理罚款。

3. 如果企业的库存不足以交货时，可以有两种选择：一是订单交易（如果规则允许的话）；二是选择较好的订单先交货，例如价格高的或重点市场，其余的只有违约了。

八、季度结算

产品交货之后，总经理单击完成所有工作，教师端单击“进入下一季度”，系统自动完成各项结算和编制财务报表。有兴趣的学生，可以自行编制财务报表，然后与系统自动出的报表进行对比，检查和锻炼自己的财务核算和报表编制能力。

第九章 企业经营状况查询

在进入下一个季度之后，公司可以对上一季度的经营状况（绩效）进行查询、分析（注意：季末查询的数据是不全面的）。查询与分析分为两个层面，一个层面是各个部门对本部门相关的一些经营状况进行查询与分析；另一层面是总经理对整个公司的经营状况进行查询、分析。系统的查询与分析功能可以为各部门乃至整个公司的决策调整提供大力支持。

一、部门经营状况查询

在公司场景下点出相应的部门，各个部门可以随时查看到本公司乃至所有竞争对手的与本部门相关的一些经营状况。

（一）研发部

1. 经营状况

可以看到公司已设计的所有产品及其研发进度情况，BOM 配置及成本，以及成品、原料的库存状况（见图 9-1）。

2. 分析报告

这里的分析报告意义不大，可以不必关注。

（二）制造部

1. 经营状况

可以查看到公司生产制造部门的厂房、设备、工人、在制品等状况（见图 9-2）。

图 9-1 研发部状况查询窗口

1(1)2季度经营状况				
公司	厂房	设备(条)	生产工人(个)	在制品(件)
11	570号中型厂房 ⓘ	1164号柔性线ⓘ	0	0
		1165号柔性线ⓘ	0	0
		1166号柔性线ⓘ	0	0
		1163号手工线ⓘ	2ⓘ	0
	571号小型厂房 ⓘ	1161号手工线ⓘ	2ⓘ	0
		1162号手工线ⓘ	2ⓘ	0
合计	共2个	共6条	共6人	0

图 9-2 制造部状况查询窗口

2. 分析报告

可以查询到公司的资质认证、生产配置、原料库存、成品库存等方面的信息，成品库存还可以查询到产品平均成本的信息。

（三）市场部

1. 经营状况

可以查询到公司各个区域市场的开发进度及完成情况。

2. 分析报告

可以查询到品牌设计的研发状态、产品评价状况（5 项指标的评价得分，应重点关注）以及 5 项指标（价格、品牌、功能、能力、口碑）的具体情况及排名。

需要特别注意的是：5 项指标的评价、广告效应、广告投放和报价分析等重要信息不仅可以查询到本公司的状况，还可以查询到其他公司的状况。大家应该能想到这部分信息查询与分析的重要性！

（四）销售部

1. 经营状况

可以查到各季度、各市场、各消费群体的销售状况，是一项比较全面的销售状况查询（见图 9-3）。

销售经营状况

市场	品质型客户			经济型客户			实惠型客户		
	订单量	交付量	销售额	订单量	交付量	销售额	订单量	交付量	销售额
北京	0	0	.00	0	0	.00	0	0	.00
上海	0	0	.00	0	0	.00	0	0	.00
广州	0	0	.00	0	0	.00	0	0	.00
武汉	0	0	.00	0	0	.00	0	0	.00
成都	0	0	.00	0	0	.00	0	0	.00

图 9-3 销售状况查询窗口

2. 分析报告

——收入分析：可以对前面的销售状况进行季度累加。

——销售业绩：可以计算市场占有率。

——细分市场：不仅可以计算市场占有率，还可以进一步计算对某类型客户的占有率。

——订单汇总：可以计算所有公司不同时段的订单汇总额，从而了解市场地位状况（即市场口碑）。

——市场最佳：直接告诉你某市场、某细分市场表现（市场占有率）最佳的公司。这一项信息是比较有用的，有助于你查到你的竞争对手或标杆（见图 9-4）。

从第1季度 到第2季度

从第1季度到第2季度市场最佳表现

细分市场	细分渠道	品质型客户		经济型客户		实惠型客户		合计	
		公司	占有率	公司	占有率	公司	占有率	公司	占有率
北京	零售渠道		0%		0%	1(1)	100.00%	1(1)	100.00%
上海	零售渠道		0%		0%		0%		0%
广州	零售渠道		0%		0%		0%		0%
武汉	零售渠道		0%		0%		0%		0%
成都	零售渠道		0%		0%		0%		0%
合计			0%		0%	1(1)	100.00%	1(1)	100.00%

图 9-4 市场最佳查询窗口

——市场增长：可以计算各产品在各市场、细分市场收入和毛利的增长状况。

——人均收入：按销售人员计算各季度的人均销售收入。

——产品利润：可以计算各季度各产品的销售毛利率（注意，这里的成本不只是材料成本，而是全部分摊的成本），从而识别哪一款产品贡献率更高。

——区域利润：可以计算各个区域市场的销售收入、销售成本、毛利、毛利率，从而识别哪一个市场贡献率更高。

——销售力量：可以查询各个季度销售能力和销售费用状况。

（五）人力资源部

1. 经营状况

可以查询管理人员、销售人员、生产工人等相关信息。

2. 分析报告

可以查到人员结构、人力成本等信息，是编制财务预算、报表所需要的重要信息。

（六）财务部

1. 经营状况

可以查询到基本费用、应收账款、应付账款、预付账款和银行借款等相关信息。

2. 分析报告

——财务报告：可以查看到现金流量表、利润表、资产负债表。

——财务分析：可以查看到 12 项财务指标的状况，这是计算财务表现的重要依据。

——杜邦分析：可以查看杜邦分析图。

3. 趋势分析

可以很直观地查看各项财务指标的变化趋势（以图表的形式呈现），还可以与行业平均水平进行比较，是非常好的财务分析工具。

二、总经理查询分析

（一）管理驾驶舱

管理驾驶舱提供了一个非常综合的分析功能，是总经理等高级管理人员常用的相对比较简略的查询分析工具。

在公司场景中单击“总经理”，在弹出窗口中选择“管理驾驶舱—财务管理”，可以查看到公司经营能力、盈利能力、偿债能力等关键财务绩效指标的数据及行业平均值。

（二）经营状况

与部门经营状况查询是一样的，这里不再介绍。

（三）经营绩效

可以查询到综合表现、盈利表现、财务表现、市场表现、投资表现、成长表现取得的成绩。

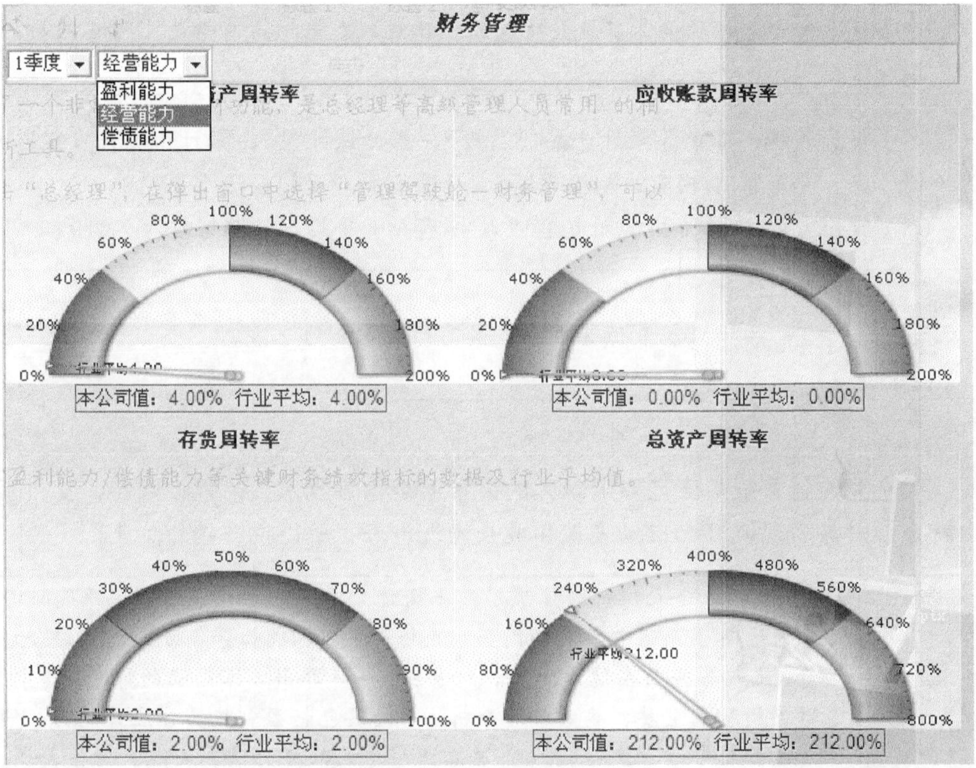

图 9-5 管理驾驶舱——财务简况

【重要提示】这是查询企业经营绩效最直接的数据，是实验成绩核定的最直接依据，是实验报告最重要的数据来源。

其中：综合表现=盈利表现（30%）+财务表现（30%）+市场表现（20%）+投资表现（10%）+成长表现（10%）

具体计分方法如下。

（1）盈利表现=（所有者权益/所有企业平均所有者权益）×30

（2）财务表现=（本企业平均财务综合评价/所有企业平均财务综合评价的平均数）×30

说明

财务综合评价是从盈利、经营、偿债三大类 12 项指标计算并折合成分数的，可从“财务部—财务分析”查看财务综合评价得分。

（3）市场表现=（本企业累计已交付的订货量/所有企业平均累计订货量）×20

说明

是订货量，不是销售收入，体现的是市场占有率（交付率）。

（4）投资表现=[本企业累计产品研发投入+累计认证投入+累计市场开发投入+Σ（各厂房、设备原值/相应的购买季度数）]/所有企业平均投资水平×10

（5）成长表现=（本企业累计销售收入/所有企业平均累计销售收入）×10

说明

各项表现最低为 0 分；最高为权重分的 2 倍。

【结论】

对企业的经营绩效表现影响最大的因素就是销售收入，销售收入高，盈利能力就强、财务表现就好，市场表现和成长表现也好，所以说“销售为王”。

说明

1. 综合表现计分体现了“平衡计分卡”的思想和原理。平衡计分卡通过对企业运营管理的财务、市场、管理、成长等各方面进行综合评价，比较各企业在这方面的相对表现，并计算出各家企业的评分。其中，财务指标最重要，参考杜邦分析法，总共包括盈利能力、经营能力、偿债能力三个方面 12 项指标。在本课程中则细分为盈利表现和财务表现，并分别占 30%共 60%的比重。

2. 财务报告、市场报告、生产报告、研发报告等与部门经营状况分析也是一样的。

（四）历史决策

这是一项非常重要的查询功能，可以查看到自己每一步操作带来的现金收支状况。当你怀疑自己操作或系统有问题时，你可以通过它进行查证，老师也可以通过它来进行查证。

第十章 操作与决策中的常见问题

一、决策之前的问题

1．登录密码问题

登录密码在注册用户的时候由自己设置，如果确实忘记设置的密码，联系老师清空密码。

2．操作没有权限/怎么设置总经理角色

主界面—方向盘菜单—右边—“编辑个人信息”里面设置总经理。

3．用户名、公司名称的修改

用户名可以在第 0 季度、第 1 季度修改。

公司名称只能在第 1 季度修改，第 1 季度之后需要修改的请联系控制教师端的老师。

二、数据规则问题

1．怎么查看数据规则

主界面方向盘右边上有个问号，单击进去可以查看各数据规则及市场需求等信息。

2．数据规则包括的内容

（1）经营概述：经营介绍及总的工作流程介绍。

（2）数据规则：初始资金、税费、养老金、借款贴现利率、厂房设备折旧率租金等数据规则。

（3）消费群体：各消费群体关注点和产品选择原则；各市场消费者最高价格走势图。

（4）设计研发：设计研发的费用等。

（5）生产制造：厂房和设备的参数及说明；工人参数；原料参数、价格趋势及折扣；各市场资质认证要求；制造成本（成品固定成本）组成。

（6）市场营销：各市场开发周期及费用；产品推广；销售人员参数及说明；订单报价要素（包括违约罚款说明）；各周期各市场需求。

（7）组间交易：该功能的开放由教师端数据规则控制。分为原料交易和订单交易的说明。

（8）评分说明：盈利表现、财务表现、市场表现、投资表现、成长表现的公式和权重。

（9）季度结算：季度末和季度初自动结算的项目。

三、研发设计问题

每一步决策前，请阅读对应的规则说明。

1. 原料如何选择，产品如何设计

在产品设计之前，你需要仔细阅读“系统帮助”—“消费群体”了解整个行业的消费群体特性，然后选择设计最适合的产品来满足此类消费群体。

在配置产品原料时，应在“系统帮助”—“生产制造”关注原料的价格走势以及市场是否紧缺等情况，以免影响后期生产经营；同时，功能配置并不是越多越好，相反，配置多于消费者需求反而增加了成本，最贴近消费者需求的产品更容易得到消费者认可并购买。

2. 研发周期问题

确定新产品名称，选择对应目标群体，之后新产品 BOM 物料配置好之后，BOM 物料表右下方有对应的研发周期。研发周期为 0 的，表示无需研发，可以直接生产制造。研发周期为 1 的，需要进入产品研发模块，进行研发投入。

四、生产制作问题

每一步决策前，请阅读对应的规则说明。

1. 当季怎么撤销购买/租用固定资产

在购买的界面下方会有当季刚刚买入/租用的设备或厂房列表，单击列表最后面的“撤销”即可取消购买或租用。

2. 厂房和设备如何出售

（1）可以当季出售的设备：设备上没有在制品，没有工人，没有在搬迁中。

（2）可以当季出售/退租的厂房：厂房没有任何设备。

（3）可以季末出售的设备：人力资源部门执行了工人辞退计划；该设备本季度可以生产产品。

（4）可以季末出售/退租的厂房：厂房内的设备可以季末全部出售。

（5）厂房设备的搬迁出售等操作需要到生产车间去操作。

3. 原材料如何撤销

对于本季度购买的原料，单击“原料子类”可看到明细购买记录，单击“撤销”可以撤销购买操作，撤销后将原价返还购置款。注意：已经拆分使用的原料不能撤销。

4. 资质认证的用途/什么时候开始认证

在不同的市场下不同的订单对资质认证要求各不相同，可以到系统帮助—生产制造里面查看。需要资质认证而没有认证完成不能对该订单进行报价。

资质认证有一定周期，所以需要提前投入。

5. 去哪里投料生产产品

公司界面，单击右边生产车间，选择厂房，进入厂房内部，单击各设备，选择需要生产的产品，下面有该产品对应的研发设计信息，BOM 原料配制表和原料平均成本，以及原料库存情况。

根据原料库存情况、设备产能和工人产能，三者取最小数，输入数量，单击生产即可。

6. 如何提高设备实际产能

实际产能=设备最大产能×设备成品率

其中，设备最大产能以设备本身最大产能与设备上工人合计最大产能两者中最小的为准。

例如，某设备最大产能 2 000，设备上 4 个工人合计最大产能 1 800，设备成品率 90%，则

设备实际产能=1 800×90%=1 620

在原料充足的情况下，设备产能固定不变，工人产能可以通过培训提升。设备成品率可以通过设备升级来提升。

7. 设备升级影响设备生产吗

设备成品率各设备都不相同，可以通过设备升级来提升。本季度升级，下季度生效。升级不影响产品生产。

8. 生产线在实际生产过程中，次品是怎么处理的

生产线由于具有成品率的因素，生产过程中会产生次品，次品做报废处理，次品相对应的原材料价值会自动分摊到产出的成品中。

五、市场和销售问题

每一步决策前，请阅读对应的规则说明。

1. 本季度各市场需求哪里看

销售部—产品报价，可以看各市场各消费群体的购买量，即总的需求。

2. 产品报价上限数目如何设置

默认的报价上限是该市场的销售人员销售能力之和。这里数值可以修改，不超过本市场销售能力之和。

每一季度市场销售（报价）时都应该正确核算自身企业具备的成品产能情况（注意：成品=实际产能×成品率），再去决定参与多少订单报价，报价时也可以设置调整销售人员或者直接设置上限数来控制，以免最后订单拿到太多导致违约。

3. 报价的条件

（1）该市场已经开发完成。

（2）该设备配备了销售人员，有一定销售能力。

（3）有至少一个已经研发完成的产品。

4. 如何提高销售能力及销售能力体现

可以通过销售员培训提升销售能力。

销售员的销售能力体现在本市场内的所有已经研发完成的产品上，即每个产品的销售能力均等；可以通过设置上限数来调整。

5. 市场需求曲线走势图为什么会随着经营而发生改变

市场需求会随着市场竞争情况而发生改变，如北京市场 1 季度预计购买量为 2 000，2 季度预计为 3 000，如果所有的公司 1 季度都未在北京市场做任何销售活动，那么到 2 季度时，1 季度的 2 000 购买量会自动累计到 2 季度（也可能只累计其中的 40%，具体看系统参数设置），所以 2 季度需求量会变成 5 000。

6. 公司如何进行广告宣传

可以在市场部进行广告投入，广告投入是针对具体产品的，广告投入具有时间累积性，但随着时间推移，前面投入的广告对后面季度的影响会越来越弱。例如，某公司 1 季度针对 A 产品投入了 1 万元的广告，2 季度又投入了 1 万元，则在 2 季度时，A 产品实际累积的广告效应应该大于 1 万元但小于 2 万元。

7. 消费者如何确定购买哪家公司的产品，以及买多少

消费者购买产品根据 5 个因素。

（1）产品功能，产品设计时确定的产品功能特点，功能越符合消费者诉求，销量越高。

（2）产品品牌，每期针对产品投入的广告累积效应，效应越大，销量越高。

（3）产品价格，每期报价时确定的销售价格，与竞争对手相比，价格越低，销量越高。

（4）产品口碑，该产品累计在该类消费者上的销售量及交货量，其越高，销量越高。

（5）产品销售，该产品对应的销售人员的能力合计，能力越高，销量越高。

当然不同消费者对以上五个因素权重并不相同，权重越大的因素对最后销量影响也越大。

六、人力资源问题

每一步决策前，请阅读对应的规则说明。

1. 工人或销售人员在哪里招聘

单击方向盘上的市场，或者主界面进入交易市场。在交易市场场景里，门口处有人才市场，可以完成招聘工作。

2. 工人或销售人员不签订合同会怎么样

不签订合同在每期期末被劳动部门按未签合同人数处以罚金。具体金额以系统数据规则为准。

3. 工人、销售人员怎么进行培训/辞退

（1）工人培训/辞退，可以在制造部递交培训/辞退计划，然后在人力资源部执行工作。

（2）销售人员，在销售部递交培训/辞退计划，然后在人力资源部执行工作。

（3）辞退季度中操作，季末生效。

（4）培训本期操作，下季度生效。

4. 工人、销售人员辞退的后果

（1）工人、销售人员在没有签订合同之前，可以在交易市场撤销招聘，不需要支付费用。

（2）一旦签订合同后，只能辞退，辞退结果季度末生效，辞退当季度可以生产。

（3）当季度辞退不需要支付补偿金，但是工资需要支付；下一季度辞退需要支付补偿金和工资。

5. 管理人员、工人、销售人员工资

（1）小组人员工资指小组管理团队所有人员的季度工资，不分人数多少。

（2）保险无需自己缴纳，季度末自动扣除所有人工资+五险，

（3）行政管理费=本季度（工人数+销售人员数）×1 000.00 元/人

七、财务资金问题

1. 为什么一进入经营就被扣除了一笔钱

公司进入经营后需要支付一笔公司工商注册费用和本季度办公室租金。具体金额请查看数据规则。

2. 经营中现金不足怎么办

（1）银行—信贷业务—贷款。

（2）财务部—应收账款—贴现。根据货款到款周期不同，需支付的贴现利率也不同，具体利率请查看数据规则。

（3）处理闲置的固定资产。

（4）季度初或者季度末出现资金断流情况，系统自动给予紧急贷款，紧急贷款利率以及扣分情况，请参考学生端系统帮助。

3. 借款额度问题

银行借款额度为：总授信额度和本期授信额度中取最小值。

总授信额度=上季末净资产（即所有者权益）-累计已借款金额

本期授信额度：教师端数据规则里设置。

紧急借款=20 万元。季度初和季度末出现资金断流时系统自动发放。一次紧急贷款不够，发放 2 次，确保现金>0。

4. 贷款还款问题

银行借款和紧急贷款期限都是 3 季度，到期季度末系统自动扣除。

八、结果评分及财务指标问题

请详细阅读系统帮助—评分说明。

1. 企业平均财务综合评价指的是什么

财务部或者总经理里面有一个财务报告—财务分析，根据盈利、经营、偿债三个类型 12 个分析指标，最后会得出一个总得分数，这是本企业财务综合评价。企业平均财务评价就是班级里所有企业的财务评价平均值。

2. 关于期初税费

（1）增值税精确数据需要自己计算，支付后的增值税可以在“总经理—决策历史”中查看，资产负债表应缴增值税中可以看到累计到当前需要支付的增值税。

（2）所得税在“总经理—决策历史”中查看，也可以查看当期损益表中所得税

一项。

（3）要准确计算出期初要扣的增值税，就要把采购原料时的每一笔进项税（采购原料时可以看到）和销售产品时（根据交货时的金额可以算出）的每一笔销项税都详细记录下来，这样才能准确地了解到下期初是否需要缴纳增值税。

（4）要准确计算所得税，需要做出预计利润表，算出税前利润总额。

3. 关于营业税

只有当季有营业外收入时才需缴纳营业税，否则不需要。

4. 季度末扣除的制造费用包括哪些明细

总经理决策—历史决策信息，里面有“本笔现金将在期末支付!”，这笔费用就属于制造费用。一般包括设备维护、搬迁升级、产品加工费等。

5. 营业成本

交货的成品数×单个成品生产成本（包括直接材料+直接人工+制造费用）。

6. 停工损失

（1）如果当季度某条生产线没有生产，则与该生产线有关的“生产线折旧费、生产线维修费、该生产线上的工人工资和五险”等计入“管理费用—停工损失”。

（2）如果企业某一厂房内的所有生产线都停工，则该厂房的租金或折旧、生产线折旧费、生产线维修费、该生产线上的工人工资和五险等计入“管理费用—停工损失”。

7. 最后一季度需要处理（出卖）设备吗

卖设备是固定资产向流动资产的转换，不影响资产总额。该操作影响评分的指标需要自己去察看分析。

8. 最后一季度需要贴现吗

根据个人情况自己确定。贴现是应收账款向现金的转换，同时需要支付一定贴现利率。影响其他的评分标准的指标需要自己去察看分析。

9. 最后一个季度购买厂房和设备有意义吗

由于厂房购买当季不折旧，设备安装当季不折旧，第 8 季度购买厂房和设备不产生基本费用，也不影响企业利润，因此，如果企业现金有剩余，可以购买厂房和设备，以增加投资表现得分。

实验项目 3　正式运营（8 个季度）

实验课时：8 个季度共计 8 个实验项目，每个项目 3 学时，共 24 学时。

实验目的：掌握企业运营管理规律，提升创业计划执行能力和企业运营管理能力。

实验要求：根据相关行业背景和规则，完成 8 个季度的企业运营管理任务。

实验内容：每个季度的运营管理均需完成以下工作。

1. 决策阶段工作。
2. 交货阶段工作。
3. 决算阶段工作。
4. 完成实验报告。

第十一章 正式运营与实验报告

做好了企业运营方案，掌握了企业运营规则、操作方法，以及查询分析方法之后，试运营 1～2 个季度，就可以开始正式运营了。正式运营一般是完成 2 年共 8 个季度的运营业务。完成 1 个季度的标志是形成财务报表和绩效评价，其中，无法正确完成财务报表的小组可以把系统提供的正确数据录入下列空报表中（可以不交，由学生自行掌握），而企业经营绩效评价（实验报告）须提交给老师存档（表格不够请学生自行复印），作为成绩评定依据之一。现金流量表等表格如表 11-1～表 11-3 所示。

表 11-1　　现金流量表　　第（　　）季度

一、经营活动产生的现金流量	行号	本期金额	累计金额
销售商品、提供劳务收到的现金	1		
当期现金销售收入	2		
紧急处理获得的现金	3		
到期的应收账款	4		
收到的税费返还	5		
收到的其他与经营活动有关的现金（如订单转让）	6		

续表

现金流入小计	7		
购买商品、接受劳务支付的现金	8		
购买原料支出	9		
到期的应付账款	10		
支付给职工以及为职工支付的现金	11		
当季管理人员工资、五险、辞退补偿金	12		
当季销售人员工资、五险、辞退补偿金	13		
当季生产人员工资、五险、辞退补偿金	14		
支付的各项税费	15		
支付的其他与经营活动有关的现金	16		
公司注册费	17		
广告宣传费	18		
市场开拓费	19		
行政管理费	20		
人员招聘费	21		
员工培训费	22		
品牌设计费	23		
产品研发费	24		
资质认证费	25		
办公室租金	26		
厂房租金	27		
设备升级费	28		
设备维修费	29		
设备搬迁费	30		
产品加工费	31		
买订单费用	32		
未交货违约金	33		
未签合同罚款	34		

续表

现金流出小计	35		
经营活动产生的现金流量净额	36		
二、投资活动产生的现金流量	37		
收回投资所收到的现金	38		
取得投资收益所收到的现金	39		
处置固定资产、无形资产和其他长期资产所收……	40		
变卖厂房收到的现金	41		
变卖设备收到的现金	42		
收到的其他与投资活动有关的现金	43		
现金流入小计	44		
购建固定资产、无形资产和其他长期资产所支……	45		
购买厂房支付的现金	46		
购买设备支付的现金	47		
投资所支付的现金	48		
支付的其他与投资活动有关的现金	49		
现金流出小计	50		
投资活动产生的现金流量净额	51		
三、筹资活动产生的现金流量	52		
吸收投资所收到的现金	53		
借款所收到的现金	54		
银行借款	55		
紧急借款	56		
贴现	57		
收到的其他与筹资活动有关的现金	58		
现金流入小计	59		
偿还债务所支付的现金	60		
分配股利、利润或偿付利息所支付的现金	61		
支付银行借款利息	62		

续表

支付紧急借款利息	63		
支付贴现利息	64		
支付的其他与筹资活动有关的现金	65		
现金流出小计	66		
筹资活动产生的现金流量净额	67		
四、汇率变动对现金的影响	68		
五、现金及现金等价物净增加额	69		
加：期初现金及现金等价物余额	70		
六、期末现金及现金等价物余额	71		

表 11-2　　利润表　　第（　　）季度

一、营业收入	行号	本期金额	累计金额
其中：产品销售额	1		
原料销售额	2		
减：营业成本	3		
其中：当季产品交货成本	4		
当季原料交货成本	5		
减：营业税金及附加	6		
其中：营业税	7		
城市维护建设税	8		
教育附加	9		
地方教育附加	10		
减：销售费用	11		
其中：广告宣传费	12		
市场开拓费	13		
销售人员工资、五险	14		
运输费	15		
减：管理费用	16		
其中：公司注册费	17		
行政管理费	18		

续表

管理人员工资、五险	19		
人员招聘费	20		
员工培训费	21		
品牌设计费	22		
产品研发费	23		
资质认证费	24		
办公室租金	25		
停工损失	26		
减：财务费用	27		
其中：银行借款利息	28		
紧急借款利息	29		
贴现利息	30		
二、营业利润	31		
加：营业外收入	32		
其中：转让订单收入	33		
出售设备增值部分	34		
减：营业外支出	35		
其中：未交货违约金	36		
未签合同罚款	37		
辞退销售人员补偿金	38		
辞退生产人员补偿金	39		
买订单费用	40		
出售设备减值部分	41		
三、利润总额	42		
减：所有税费用	43		
四、净利润	44		

说明

直接材料费、工人工资和五险、加工费、厂房租金或折旧、设备维修费、设备升级费、设备搬迁费、设备折旧等费用计入营业成本之当季交货产品成本。

表 11-3　　　　资产负债表　　　　第（　　）季度

项目	期初数	期末数	明细说明
流动资产：			
货币资金			现金
应收账款			应收销售款（价税合计）
存货			
其中：原材料			
半成品			包括：原料费、厂房租金或折旧、设备维修和折旧、工人工资和五险，加工费
产成品			包括：原料费、厂房租金或折旧、设备维修和折旧、工人工资和五险，加工费
流动资产合计			
非流动资产：			
固定资产原值			包括：厂房、生产设备
减：累计折旧			
固定资产净值			
无形资产			
非流动资产合计			
资产总计			
流动负债：			
短期借款			包括：短贷、紧急借款
应付账款			应付原料费
应缴税款			应缴增值税、营业税、城市维护建设税、所得税
其他应缴款			包括：教育附加费、地方教育附加
流动负债合计			
非流动负债：			
长期借款			
非流动负债合计			
负债合计			
股东权益：			
实收资本			
未分配利润			累计的净利润
其中：当季利润			本季的净利润
股东权益合计			
负债和股东权益总计			

创业与运营管理综合实验报告

（　　）班（　　）组　　　企业经营绩效分析　　　第（　　）季度

项目	绩效	原因及对策（或成功经验）
本季是否达成销售目标（具体描述）？市场占有率如何？		
本季是否出现交货违约或剩余大量库存？		
本季是否出现资金链断裂或剩余大量现金？		
本季是利润亏损，还是创造可观利润？		
综合表现 排名位置 变化情况		

第四部分

竞赛篇

第十二章 销售订单赢取之道

实现企业利润最直接的路径就是扩大销售，因此，“销售为王”是企业普遍遵循的商业规则。在每年由高等学校国家级实验教学示范中心联席会经管学科组举办的“学创杯”大学生创业综合模拟大赛中，销售订单的竞夺是最关键、最激烈的环节。因为许多学生并不了解“创业之星”系统销售订单发放的规则，所以在竞赛中时常感到无所适从，总是被动地接受市场给自己安排的命运，无法主动地去利用市场，按自己的计划去实现自己的战略战术目标。下面以授课过程中出现的案例对“创业之星”系统在产品评价方面的计分规则和销售订单发放的规则加以说明，供同学们参考。

一、总得分与拿单的关系

总得分与系统分配订单的关系是比较明显的：最少订单量=自己得分占总分之比重×市场订单总量（包括上季度剩余订单的 40%）。也就是说，如果能准确计算出自己获得多少分，就可以准确地知道自己最少可以拿到多少订单。但是，有时候会因为一些小组控制拿单量（设置上限数）而使自己有机会获得更多的订单。

（一）北京市场：品质型客户（见表 12–1）

表 12-1 是某班级（共分为 12 个组）第 1 季度品质型客户订单的实际发放状况。第 1 季度只有 9 个组（9 个品牌，每组 1 款产品参与）在北京市场是抢夺品质型客户的订单，总分本应该是 100 分，但第 1 季度缺少产品口碑的 10 分，所以总分仅有 90 分，这一点大家要注意，从第 2 季度开始满分都是 100 分。第 1 季度北京市场总

容量是 3 312 件（实际发了 3 316 件），由于第 1 组（品牌）设置了拿订单的上限数，实际拿单 275 件，低于应得的 339 件，这些订单转移给了其他品牌（小组），因此，其他品牌（小组）实得订单均比应得订单多了一点。

表 12-1　　第 1 季度北京市场品质型客户订单的发放　　订单数量单位：件

品牌(组别)	第 6 组	第 9 组	第 3 组	第 2 组	第 7 组	第 5 组	第 10 组	第 1 组	第 12 组
总得分	12.24	10.78	10.19	10.14	9.75	9.47	9.47	9.21	8.74
应得量	451	397	375	373	359	349	349	339	322
实得量	461	406	383	381	367	357	357	275	329

公式：某品牌应得订单量=（品牌总得分/90）×市场总量 3 312

（二）北京市场：经济型客户（见表 12-2）

表 12-2 是某班级（共分为 12 个组）第 1 季度经济型客户订单的实际发放状况。

第 1 季度共有 10 个小组（品牌）在北京市场抢夺经济型客户的订单，市场总容量是 4 416 件（实际发了 4 414 件）。由于第 1 组（品牌）设置了拿订单的上限数，实际拿单 384 件，低于应得 424 件，这些订单转移给了其他小组（品牌），因此，其他小组（品牌）实得订单均比应得订单多了一点。

表 12-2　　第 1 季度北京市场经济型客户订单的发放　　订单数量单位：件

品牌(组别)	第 6 组	第 11 组	第 9 组	第 10 组	第 1 组	第 3 组	第 7 组	第 5 组	第 4 组	第 12 组
总得分	11.030	10.984	10.411	9.181	8.645	8.516	8.399	8.035	7.593	7.207
应得量	541	539	511	450	424	418	412	394	372	353
实得量	546	544	516	454	384	422	416	398	377	357

公式：某品牌应得订单=（品牌总得分/90）×4 416 件

（三）北京市场：实惠型客户（见表 12-3）

表 12-3 是某班级（共分为 12 个组）第 1 季度实惠型客户订单的实际发放状况。第 1 季度共有 10 个小组（品牌）在北京市场是抢夺实惠型客户的订单，市场总容量是 5 472 件（实际发了 5 435 件）。由于很多小组（品牌）都设置了拿订单的上限数，实际拿单量少于应得量，这些订单被转移给了其他小组，因此，其他小组实得订单均比应得订单多了许多。

表 12-3　　　　第 1 季度北京市场实惠型客户订单的发放　　　　订单数量单位：件

品牌(组别)	第 6 组	第 8 组	第 1 组	第 9 组	第 10 组	第 11 组	第 2 组	第 5 组	第 7 组	第 12 组
总得分	10.011	9.875	9.545	9.493	9.453	9.316	8.790	8.053	7.787	7.675
应得量	609	600	580	577	575	566	534	490	473	467
实得量	659	649	440	624	500	613	500	500	450	500

公式：某品牌应得订单=（品牌总得分/90）×5 472 件

从上面的例子可以看到第 1 组存在的问题最多，没有考虑自己的产能，花了很大的代价来赢取很多分数，却又无需那么多订单，造成许多无谓的损失。所以，某小组应该根据自己的销售目标来确定自己需要的总得分是多少。例如，第 1 组北京市场实惠型产品仅需要 500 件，那么它仅需 500/5 472×90=8.22 分。

上面介绍的是总分如何决定销售订单获得量，接下来的问题是，构成总得分的各项分数又是如何取得的？

二、产品设计对竞单评分的影响

产品设计对竞单评分的影响不太容易做出判断，但通过下面众多的例子可以找到一些门道。

（一）北京市场：品质型客户

下面是不同产品设计对品质型产品竞单评分产生不同影响的几个案例（见表 12-4～表 12-7）。

表 12-4　　　　第 1 季度品质型产品设计的评分（1 班）

	BOM	得分		BOM	得分		BOM	得分
有 2 个品牌	玻璃纸盒	11.8182	有 6 个品牌	玻璃纸盒	2.7273			
	短平绒			松针绒				
	PP 棉			PP 棉				
	发声装置							

说明

1 班第 1 季度品质型客户有 8 个品牌参与抢分（共 40 分），其中，有 2 个品牌设计是一样的，总分 23.6364，约占总分 40 分的 60%；另外 6 个品牌的设计也是一样的，总分 16.3638，约占总分 40 分的 40%。可见个性化的品牌设计对品质型产品至关重要，特别是增加一个发声装置，其总成本比后者（使用松针绒）还要低，但却获得更高的分数。

表 12-5　　第 4 季度品质型产品设计的评分（1 班）

	BOM	得分		BOM	得分		BOM	得分		BOM		得分
有2个品牌	玻璃纸盒	1.7747	有8个品牌	玻璃纸盒	0.41	有6个品牌	金属盒	4.1	有3个品牌	金属盒	金属	2.87
	短平绒			短平/松针绒			玫瑰绒			玫瑰	松针绒	
	PP 棉			PP 棉			棉花			珍珠棉	棉花	
	发声装置											

说明

1 班第 4 季度品质型客户有 19 个品牌参与抢分（共 40 分），其中，有 6 个品质标配产品（金属包装盒+玫瑰绒+棉花）获得了最高分 4.1 分，而原来曾经风光的配置（玻璃纸盒+短平绒+PP 棉+发声装置）的得分迅速下降到 1.7747 分。

表 12-6　　第 1 季度品质型产品设计的评分（2 班）

	BOM	得分		BOM	得分		BOM	得分
有 1 个品牌	玻璃纸盒	4	有 8 个品牌	玻璃纸盒	4	有 1 个品牌	纸质盒	4
	短平绒			松针绒			短平绒	
	PP 棉			PP 棉			PP 棉	

说明

2 班第 1 季度品质型客户有 10 个品牌参与抢分（共 40 分），其中，有 8 个品牌设计是一样的，另外 2 个品牌的设计各不相同，全部都是得 4 分，看来这些成分都不是品质型顾客所看重的。

表 12-7　　第 4 季度品质型产品设计的评分（2 班）

	BOM	得分		BOM		得分		BOM	得分
有 4 个品牌	金属盒	5.97	有 3 个品牌	金属盒	金属	4.179	有 6 个品牌	玻璃纸盒	0.597
	玫瑰绒			玫瑰绒	松针绒			短平绒	
	棉花			珍珠棉	棉花			PP 棉	

说明

2 班第 4 季度品质型客户有 13 个品牌参与抢分（共 40 分），从这里可以看到更符合消费者需求的产品配置出来之后，原来的低配设计一下子就掉到 0.597 分。

（二）北京市场：经济型客户

下面是不同产品设计对经济型产品竞单评分产生不同影响的三个案例（见表 12-8～表 12-10）。

表 12-8　　第 1 季度经济型产品设计的评分（1 班）

	BOM	得分		BOM	得分		BOM	得分
有 2 个品牌	玻璃纸盒	5.8036	有 1 个品牌	纸质盒	5.3571	有 6 个品牌	玻璃盒	1.3393
	短平绒			短平绒			松针绒	
	PP 棉			PP 棉			PP 棉	
	发声装置							

说明

1 班第 1 季度经济型客户共有 9 个品牌参与抢分（共 25 分），其中，有 2 个品牌"低配+发声"设计，各得了 5.8036 分，另 1 个品牌设计使用纸盒包装得了 5.3571 分。但另外 6 个设计一样的品牌总共才得了 8 分，仅占总分的约 32%。

表 12-9　　第 1 季度经济型产品设计的评分（2 班）

	BOM	得分		BOM	得分		BOM	得分
有 1 个品牌	纸质盒	6.6667	有 10 个品牌	玻璃盒	1.6667	有 1 个品牌	玻璃盒	1.6667
	短平绒			松针绒			短平绒	
	PP 棉			PP 棉			PP 棉	

说明

2 班第 1 季度经济型客户共有 12 个品牌参与抢分（共 25 分），其中，有 1 个品牌设计是与众不同的，得 6.67 分，与最后那个品牌 1.6667 分相比，就换了纸盒，是否说明"除了产品设计的个性化之外，经济型顾客对纸质包装盒比较看重"？另有 10 个品牌设计是一样的，使用松针绒却与后者使用短平绒得到相同的 1.6667 分，是因为经济型客户对松针绒不感兴趣，还是因为它们的雷同性设计？

表 12-10　　　　　　第 6 季度经济型产品设计的评分（2 班）

	BOM	得分		BOM	得分		BOM	得分
有 2 个品牌	纸质盒	6.4815	有 1 个品牌	纸质盒	3.7037	有 9 个品牌	玻璃盒	0.9259
	松针绒			短平绒			短平/松针绒	
	珍珠棉			PP 棉			PP 棉	

说明

2 班第 6 季度经济型客户共有 12 个品牌参与抢分（共 25 分），其中，2 款经济型标配设计（纸质盒+松针绒+珍珠棉）取得最高分 6.4815 分，曾经取得高分的配置（纸质盒+短平绒+ PP 棉）则降为 3.7037 分。

（三）北京市场：实惠型客户

下面是不同产品设计对实惠型产品竞单评分产生不同影响的两个案例（见表 12-11、表 12-12）。

表 12-11　　　　　　第 1 季度实惠型产品设计的评分（1 班）

	BOM	得分		BOM	得分		BOM	得分
有 1 个品牌	玻璃纸盒	3.1156	有 1 个品牌	玻璃纸盒	3.0151	有 6 个品牌	玻璃纸盒	2.1106
	短平绒			松针绒			短平绒	
	PP 棉			PP 棉			PP 棉	
	发声装置							

说明

1 班第 1 季度实惠型客户共有 9 个品牌参与抢分（共 20 分），其中，分别有 2 个品牌设计是与众不同的，1 个得 3.1156 分，另 1 个得 3.0151 分，有 6 个设计一样的品牌各得 2.1106 分。此外，还有 1 个没有列入表中的品牌设计也是与众不同的（纸盒+短平绒+ PP 棉），按说纸盒包装的成本更高，但却只得到 1.206 分，是纸盒包装不符合消费者需求吗？

表 12-12　　　　第 1 季度实惠型产品设计的评分（2 班）

	BOM	得分		BOM	得分		BOM	得分
有 2 个品牌	玻璃纸盒	2.50	有 8 个品牌	玻璃纸盒	1.75	有 1 个品牌	纸质盒	1.00
	松针绒			短平绒			短平绒	
	PP 棉			PP 棉			PP 棉	

说明

2 班第 1 季度实惠型客户共有 11 个品牌参与抢分(共 20 分),其中，有 2 个品牌设计是与众不同的，各自得了 2.50 分，有 8 个设计一样的品牌各得 1.75 分；最后 1 个品牌设计（纸质盒+短平绒+ PP 棉），其配置和成本比前面 8 个品牌的设计还要高，但却只得到 1.00 分，看来纸盒包装徒增成本却并不符合消费者需求。

三、产品报价对竞单评分的影响

产品报价对竞单评分的影响比较直接，在依据“总分/参与品牌数=平均分”的基础上，估计市场平均价、自己报价和分差，便可大概估计出自己的得分。

（一）北京市场：品质型客户

下面是产品报价对品质型产品竞单评分产生影响的两个案例（见表 12-13、表 12-14）。

表 12-13　　　　第 1 季度品质型产品报价的评分（1 班）

报价	125	128	129	130	132	145	145	150
得分	2.1756	2.0748	2.0428	2.0115	1.9510	1.6168	1.6168	1.5108
分差	0.0336	0.0320	0.0313	0.0302	0.0257	0.0257	0.0212	

说明

1 班第 1 季度品质型客户共有 8 个品牌参与抢分（共 15 分，平均 1.875 分）。如果估计最低价为 125 元，则均价为 137.5 元，也就是说报价 137.5 元，大概可以得到 1.875 分（可能稍偏高一点）；从各小组报价与得分情况看，价格每降 1 元，分差在 0.0212～0.0336 之间，而且分差有稍微递增趋势，但总的来说品质型顾客对价格确实不太敏感。

表 12-14　　　　第 1 季度品质型产品报价的评分（2 班）

报价	130	135	135	135	138	140	140	140	150
得分	1.8733	1.7371	1.7371	1.7371	1.6624	1.6153	1.6153	1.6153	1.4071
分差	0.0272	0.0249	0.0249	0.0249	0.0236	0.0208	0.0208	0.0208	

说明

2 班第 1 季度品质型客户共有 9 个品牌参与竞争（共 15 分，平均 1.6667 分），从各小组报价与得分情况看，价格每降 1 元，分差为 0.0208～0.0272，说明参与的品牌越多，分差越会缩小。

（二）北京市场：经济型客户

下面是产品报价对经济型产品竞单评分产生影响的两个案例（见表 12-15、表 12-16）。

表 12-15　　　　第 1 季度经济型产品报价的评分（1 班）

报价	98	100	103	105	108	112.8	118	120	120
得分	4.0880	3.9261	3.7007	3.5611	3.3660	3.0856	2.8197	2.7264	2.7264
分差	0.0810	0.0751	0.0698	0.0650	0.0584	0.0511	0.0467		

说明

1 班第 1 季度经济型客户共有 9 个品牌参与竞争（共 30 分，平均 3.333 分），从各小组报价与得分情况看，价格每降 1 元，分差在 0.0467～0.0810，价格敏感度比品质型加大。

表 12-16　　　　第 1 季度经济型产品报价的评分（2 班）

报价	100	100	105	108	109	110	110	110	115	120
得分	3.515	3.515	3.188	3.013	2.958	2.905	2.905	2.905	2.658	2.441
分差		0.065	0.058	0.055	0.054			0.049	0.043	

说明

2 班第 1 季度经济型客户共有 10 个品牌参与竞争（共 30 分，平均 3 分），从各小组报价与得分情况看，价格每降 1 元，分差为 0.043～0.065，说明参与的品牌越多，分差越会缩小。

（三）北京市场：实惠型客户

下面是产品报价对实惠型产品竞单评分产生影响的两个案例（见表 12-17、表 12-18）。

表 12-17　　　　第 1 季度实惠型产品报价的评分（1 班）

报价	75	80	82	83	88	88	89	90	90
得分	7.0584	6.2037	5.9048	5.7633	5.1270	5.1270	5.0124	4.9017	4.9017
分差	0.1709	0.1495	0.1415	0.1273		0.1146	0.1107		

说明

1 班第 1 季度实惠型客户共有 9 个品牌参与竞争（共 50 分，平均 5.5556 分），从各小组报价与得分情况看，价格每降 1 元，分差在 0.1107～0.1709，实惠型顾客对价格敏感度加大了。

表 12-18　　　　第 1 季度实惠型产品报价的评分（2 班）

报价	75	80	82	83	83.9	85	85	87	90	90
得分	6.234	5.479	5.215	5.090	4.982	4.854	4.854	4.633	4.329	4.329
分差	0.151	0.132	0.125	0.121	0.117		0.110	0.101		

说明

2 班第 1 季度实惠型客户共有 10 个品牌参与竞争（共 50 分，平均 5 分），从各小组报价与得分情况看，价格每降 1 元，分差在 0.101～0.151，说明参与的品牌越多，分差越会缩小。当然，如果其他小组的价格都定很高，自己价格定得低可以赢取更多的分数。

四、产品广告对竞单评分的影响

产品广告对竞单评分的影响也比较直接，你可以估计可能参与竞争的品牌数量（如 10 个），再估计平均广告投放额（如 5 000 元），那么广告总投入就是 50 000 元；根据广告评价总分（如品质型为 25 分），便可算出平均广告投入产出比为“2 000 元：1 分”，即投入 2 000 元广告可赢得 1 分。注意：广告具有累积效应！

广告投入产出比=广告投放总额/总分

（一）北京市场：品质型客户

下面是产品广告对品质型产品竞单评分产生影响的两个案例（见表 12-19、表 12-20）。

表 12-19　　　　第 1 季度品质型产品广告的评分（1 班）

广告投入	10 000	8 001	7 000	5 500	5 000	5 000	3 415	0
得分	5.69	4.55	3.98	3.13	2.85	2.85	1.94	0.00
产出比	1 757	1 757	1 757	1 757	1 757	1 757	1 757	0

说明 1班第1季度品质型客户共有7个品牌参与抢分（共25分），从各小组广告投入与得分情况看，广告投入产出比为“1 757元：1分”。尽管投入的广告多，但由于参与品牌少，竞争算不上很激烈。

表 12-20　　第1季度品质型产品广告的评分（2班）

广告投入	11 000	8 000	8 000	7 001	7 000	6 000	6 000	5 000	5 000
得分	4.365	3.175	3.175	2.778	2.778	2.381	2.381	1.984	1.984
投入比	2 520	2 520	2 520	2 520	2 520	2 520	2 520	2 520	2 520

说明 2班第1季度品质型客户共有9个品牌参与抢分（总分25分），从各小组广告投入与得分情况看，广告投入2 520元才换取1分，说明参与的品牌越多，要付出的代价会越大，当然更与竞争对手广告投放多少相关。如果其他小组广告投放额都很小，自己多投放一些就可以赢取更多的分数。

（二）北京市场：经济型客户

下面是产品广告对经济型产品竞单评分产生影响的两个案例（见表12-21、表12-22）。

表 12-21　　第1季度经济型产品广告的评分（1班）

投入	6 000	5 001	4 000	3 000	3 000	2 500	2 000	0	0
得分	3.53	2.94	2.35	1.76	1.76	1.47	1.18	0.00	0.00
投入比	1 700	1 700	1 700	1 700	1 700	1 700	1 700	0	0

说明 1班第1季度经济型客户共有7个品牌参与抢分（共15分），从各小组广告投入与得分情况看，广告投入1 700元才换取1分，竞争性略小一点。

表 12-22　　第1季度经济型产品广告的评分（2班）

投入	7 000	6 000	5 200	5 001	5 000	4 000	3 000	3 000	2 000	1 006
得分	2.548	2.184	1.893	1.820	1.820	1.456	1.092	1.092	0.728	0.366
投入比	2 747	2 747	2 747	2 747	2 747	2 747	2 747	2 747	2 747	2 747

说明 2 班第 1 季度经济型客户共有 10 个品牌参与抢分（共 15 分），从各小组广告投入与得分情况看，广告投入 2 747 元才换取 1 分，竞争十分激烈。

（三）北京市场：实惠型客户

下面是产品广告对实惠型产品竞单评分产生影响的两个案例（见表 12-23、表 12-24）。

表 12-23　　第 1 季度实惠型产品广告的评分（1 班）

投入	10 000	7 000	5 000	3 121	3 000	2 000	2 000	0	0
得分	3.11	2.18	1.56	0.97	0.93	0.62	0.62	0.00	0.00
投入比	3 212	3 212	3 212	3 212	3 212	3 212	3 212	0	0

说明 1 班第 1 季度实惠型客户共有 7 个品牌参与抢分（共 10 分），从各小组广告投入与得分情况看，广告投入 3 212 元才换取 1 分，竞争最为激烈，代价最大，主要因为大家投入都比较多，而总分又比较少，这有点不正常。

表 12-24　　第 1 季度实惠型产品广告的评分（2 班）

投入	6 000	5 000	4 301	3 001	2 200	2 000	2 000	1 000	1 000	0
得分	2.264	1.887	1.623	1.132	0.830	0.755	0.755	0.377	0.377	0
投入比	2 650	2 650	2 650	2 650	2 650	2 650	2 650	2 650	2 650	0

说明 2 班第 1 季度实惠型客户共有 9 个品牌参与抢分（共 10 分），虽然参与抢分的品牌数量增加了，但广告投放金额总体上比前一个班级的少，所以广告投入 2 650 元即换取 1 分，代价相对前一个班级小一些，但还是不太正常。

五、销售能力对竞单评分的影响

销售能力对竞单评分的影响也是比较直接的，某品牌销售能力得分=（销售能力总分/该市场销售人员总数）×该公司在该市场安排的销售人员数。

说明

销售人员的培训会使分数发生一定量的变化。

（一）北京市场：品质型客户

下面是销售能力对品质型产品竞单评分产生影响的两个案例（见表 12-25、表 12-26）。

表 12-25　　第 1 季度品质型产品销售能力的评分（1 班）

销售人员	3	3	2	1	1	1	1	1
得分	2.31	2.31	1.54	0.77	0.77	0.77	0.77	0.77

说明

1 班第 1 季度品质型客户共有 8 个品牌参与竞争，共安排有 13 个销售人员，品质型客户给销售能力的总分是 10 分，平均每个销售人员得 0.77 分（10/13）。

表 12-26　　第 2 季度品质型产品销售能力的评分（1 班）

人员	2	2	2	1	1	1	1	1	1	1	1	1	1
得分	1.25	1.22	1.22	0.64	0.64	0.64	0.64	0.64	0.64	0.64	0.61	0.61	0.61

说明

1 班第 2 季度品质型客户共有 13 个品牌、16 个销售人员参与抢分，品质型客户给销售能力的总分是 10 分，平均每安排 1 个销售人员得 0.625 分，以上相同销售人员却不同分数是因为第 1 季度开展培训带来的变化，在目前这种竞争状态下 1 次培训（500 元）约换取 0.03 分。

（二）北京市场：经济型客户

下面是销售能力对经济型产品竞单评分产生影响的两个案例（见表 12-27、表 12-28）。

表 12-27　　第 1 季度经济型产品销售能力的评分（1 班）

人员	3	3	2	1	1	1	1	1	1
得分	4.29	4.29	2.86	1.43	1.43	1.43	1.43	1.43	1.43

说明

1班第1季度经济型客户共有9个品牌参与竞争，共安排14个销售人员，经济型客户给销售能力的总分是20分，平均每安排1个销售人员得1.43分。（说明：其中一组安排3个销售人员，销售2个品牌的经济型产品，均取得最高的4.29分。换句话说，销售人员可以同时销售多款产品，销售人员可以按品牌重复计数，并享受同样分数。）

表 12-28　　第2季度经济型产品销售能力的评分（1班）

人员	2	2	2	1	1	1	1	1	1	1	1	1	1
得分	2.454	2.454	1.288	1.288	1.288	1.288	1.288	1.288	1.227	1.227	1.227	1.227	1.227

说明

1班第2季度经济型客户共有13个品牌、16个销售人员参与抢分，经济型客户给销售能力的总分是20分，平均每安排1个销售人员得1.25分，以上相同销售人员却不同分数是因为第1季度开展培训带来的变化，在目前这种竞争状态下1次培训（500元）约换取0.06分。

（三）北京市场：实惠型客户

下面是销售能力对实惠型产品竞单评分产生影响的两个案例（见表12-29、表12-30）。

表 12-29　　第1季度实惠型产品销售能力的评分（1班）

人员	3	3	3	2	1	1	1	1	1
得分	1.875	1.875	1.875	1.25	0.625	0.625	0.625	0.625	0.625

说明

1班第1季度实惠型客户共有9个品牌参与竞争，共安排16个销售人员，实惠型客户给销售能力的总分是10分，平均每安排1个销售人员得0.625分。

表 12-30　　第2季度实惠型产品销售能力的评分（1班）

人员	2	2	2	2	1	1	1	1	1	1	1	1	1
得分	1.18	1.18	1.18	1.15	0.605	0.605	0.605	0.605	0.576	0.576	0.576	0.576	0.576

说明

1班第2季度实惠型客户共有13个品牌、17个销售人员参与抢分，实惠型客户给销售能力的总分是10分，平均每安排1个销售人员得0.588分，以上相同销售人员却不同分数是因为第1季度开展培训带来的变化，在目前这种竞争状态下1次培训（500元）约换取0.03分。

六、产品口碑对竞单评分的影响

产品口碑是即成的历史事实，企业在决策上没有太多的作为，但我们也应该了解它对竞单评分是如何影响的。

（一）北京市场：品质型客户

下面是产品口碑对品质型产品竞单评分产生影响的案例（见表 12-31）。

表 12-31　　第 2 季度品质型产品口碑的评分

组别	第 6 组	第 9 组	第 2 组	第 3 组	第 5 组	第 7 组	第 10 组	第 12 组	第 1 组
报价	140	135	140	138	135	140	135	150	130
销量	461	406	381	383	357	367	357	329	274
应得分	1.391	1.225	1.149	1.155	1.077	1.107	1.077	0.992	0.827
实得分	1.323	1.255	1.168	1.159	1.130	1.122	1.098	1.009	0.735

说明

第 2 季度品质型客户共有 9 个品牌在北京市场上参与抢分，品质型客户给产品口碑的总分是 10 分，上一季度品质型销售总量=3 315 件，所以应得分是按（本公司上季度销量÷3 315×10）来计算的。最后一名第 1 组实得分偏低是因为其出现了违约（应交货 275 件，实交货 274 件），第一名实得分也偏低，原因无法解释。特别是第 5 组，销量比第 7 组低，与第 10 组相同，实得分却比这 2 组都要高，百思不得其解（上季度交货率均为 100%，而且它的销售能力也不比另 2 组强，口碑评价与报价、销售能力也没有关系，不知道是不是受到控制拿单量的影响）。

（二）北京市场：经济型客户

下面是产品口碑对经济型产品竞单评分产生影响的案例（见表 12-32）。

表 12-32　　第 2 季度经济型产品口碑的评分

组别	第 6 组	第 11 组	第 9 组	第 10 组	第 3 组	第 7 组	第 5 组	第 1 组	第 4 组	第 12 组
报价	110	100	108	109	115	110	110	100	105	120
销量	546	544	516	454	422	416	398	384	377	357
应得分	1.237	1.232	1.169	1.029	0.956	0.942	0.902	0.870	0.854	0.809
实得分	1.237	1.233	1.169	1.029	0.956	0.943	0.902	0.868	0.854	0.809

说明

第 2 季度经济型客户共有 10 个品牌在北京市场上参与抢分，经济型客户给产品口碑的总分是 10 分，上一季度经济型销售总量=4 414 件，所以应得分是按（本公司上季度销量÷4 414×10）来计算的。除第 1 组因为出现违约（应交货 385 件，实交货 384 件）被适当扣分外，其他各组的实得分与应得分非常吻合，口碑评价并不受产品报价、销售能力的影响。

（三）北京市场：实惠型客户

下面是产品口碑对实惠型产品竞单评分产生影响的案例（见表 12-33）。

表 12-33　　第 2 季度实惠型产品口碑的评分

组别	第 6 组	第 8 组	第 9 组	第 11 组	第 10 组	第 5 组	第 12 组	第 7 组	第 1 组	第 2 组
报价	85	83.9	83	82	87	90	90	85	75	80
销量	659	649	624	613	500	500	500	450	440	441
应得分	1.226	1.207	1.161	1.140	0.930	0.930	0.930	0.837	0.818	0.820
实得分	1.238	1.219	1.172	1.151	0.939	0.939	0.939	0.845	0.827	0.731

说明

第 2 季度实惠型客户共有 10 个品牌在北京市场上参与抢分，实惠型客户给产品口碑的总分是 10 分，上一季度实惠型销售总量=5 376 件，所以应得分是按（本公司上季度销量÷5 376×10）来计算的。除第 2 组因为出现违约（应交货 500 件，实交货 441 件）被扣分外，其他各组的实得分与应得分非常吻合，均适当增加了一些分数。

作业：制作一个各项得分、总得分和应得订单的测算工具（Excel 表）。

参考文献

[1]“创业之星”指导手册——教师配置手册. http://www.monilab.com.

[2]“创业之星”指导手册——学生操作手册. http://www.monilab.com.

[3]“创业之星——挑战杯专项竞赛平台”常见问题汇总.http://www.monilab.com.

[4] 张林格，冯振环，王浩波. 企业运营管理[M]. 北京：首都经济贸易大学出版社，2006.

[5]〔美〕威廉·史蒂文森. 运营管理[M]. 张群，张杰，马风才，译. 北京：机械工业出版社，2012.

[6] 中国注册会计师协会. 公司战略与风险管理[M]. 北京：经济科学出版社，2009.

[7] 陈霞. 浅谈现代企业风险的种类及防范措施[J]. 公用事业财务，2006（1）.